Theodore Dalrymple

A NOVA SÍNDROME DE VICHY

Por que intelectuais europeus se rendem ao barbarismo

Título original: *The New Vichy Syndrome: Why European Intellectuals Surrender to Barbarism*

Editor | Edson Manoel de Oliveira Filho

Produção editorial e projeto gráfico | É Realizações Editora

Capa | Estúdio Insólito

Diagramação | Mauricio Nisi Gonçalves

Preparação de texto | Marta Almeida de Sá

Revisão | Paulo Felipe Mendrone

Cip-Brasil. Catalogação na Publicação
Sindicato Nacional dos Editores de Livros, RJ

D157n
Dalrymple, Theodore, 1949-
A nova síndrome de Vichy : por que intelectuais europeus se rendem ao barbarismo / Theodore Dalrymple ; tradução Maurício G. Righi. - 1. ed. - São Paulo : É Realizações, 2016.
192 p. ; 23 cm. (Abertura cultural)

Tradução de: the new vichy syndrome: why european intellectuals surrender to barbarism
ISBN 978-85-8033-219-3

1. Ciências sociais. 2. Ciências Humanas. I. Título. II. Série.

16-35089 CDD: 300
CDU: 3

É Realizações Editora, Livraria e Distribuidora Ltda.
Rua França Pinto, 498 – São Paulo – SP – 04016-002 – Caixa Postal 45321 – 04010-970
Telefax (5511) 5572-5363 – atendimento@erealizacoes.com.br – www.erealizacoes.com.br

Este livro foi impresso pela Intergraf Indústria Gráfica, em agosto de 2016. Os tipos usados são da família Sabon Light Std e Frutiger Light. O papel do miolo é Norbrite 66 g, e o da capa cartão Ningbo Gloss 300 g.

Theodore Dalrymple

A NOVA SÍNDROME DE VICHY

Por que intelectuais europeus se rendem ao barbarismo

Tradução de Maurício G. Righi

É Realizações
Editora

Sumário

NOTA DO TRADUTOR

A expressão "Síndrome de Vichy" foi cunhada pelo historiador francês Henry Rousso em *Le Syndrome de Vichy: 1944-198...* A obra trata do trauma nacional francês – pós-Segunda Guerra Mundial – para lidar com o passado de colaboracionismo com os nazistas, um "passado que não passa".

Prefácio à edição em brochura

Quando digo aos defensores da União Europeia que essa entidade pode terminar em conflito, eles ficam intrigados, como se estivessem ouvindo declarações de um lunático. Afinal de contas, como uma organização que se dedica à promoção da paz e da prosperidade poderia sofrer um fim como esse? O problema, obviamente, é que as pessoas pensam segundo clichês, embora vivam nas particularidades. Generalizações são fáceis; a realidade, porém, é dura.

Não obstante, clichês podem servir como base para agendas, ao menos por um tempo. Uma moeda única seria uma ótima ideia ao eliminar a necessidade das trocas cambiais e ao comprometer aqueles que a usam numa espécie de unidade de sentimento, a qual prepararia o terreno para a criação de um superestado europeu. Dessa forma, a Europa, ou melhor, a classe política europeia, recuperaria sua devida posição no mundo. Uma vez mais, o continente se insinuaria sobre o planeta como um colosso. No entanto as coisas não saíram como o esperado. Os efeitos das decisões que os legisladores e burocratas nos impuseram com tanta soberba – e contra o desejo da maioria das populações envolvidas – não cessarão tão cedo, não antes de muita dor e fúria.

Nunca houve um sólido argumento econômico que justificasse a criação do euro (exceto, talvez, a ideia de que a moeda reduziria os custos de transação, os quais seriam de qualquer forma irrisórios na era dos computadores). O argumento sempre foi de natureza absolutamente política. Desde o começo, sabia-se que seria altamente improvável que uma taxa de juro unificada pudesse ser adequada a todos os países sem que houvesse enormes desequilíbrios orçamentários, os quais trariam grandes instabilidades – embora existisse um poder supranacional cuja função fosse tornar vigentes os controles orçamentários.

Enquanto escrevo este prefácio, o *Der Spiegel*, semanário alemão de notícias com certo prestígio, divulga que o governo grego pensa seriamente em sair do euro. A Irlanda, conforme acredito, não tem muitas alternativas a não ser atrasar o pagamento de suas dívidas, seja de forma ordenada e negociada com os credores, seja de outra forma; a suspensão do pagamento é, no entanto, incontornável, uma vez que o nível de endividamento tornou-se insustentável. Portugal seguirá provavelmente o mesmo caminho.

Restam poucas dúvidas de que a adoção do euro exerceu papel fundamental nas respectivas crises desses países. Credores, incluindo os bancos alemães, teriam sido mais cuidadosos se os empréstimos não fossem feitos numa moeda cujo valor, assim eles raciocinaram, seria mantido por toda a Europa. O endividamento bruto por cabeça na Irlanda se aproxima dos 500 mil dólares. Isso significa que, mesmo ao contar com seus ativos externos, os irlandeses agora terão de trabalhar a maior parte do ano só para pagar os juros de sua dívida externa. Mais cedo ou mais tarde eles se cansarão e a revolta virá.

A situação da Grécia é um pouco diferente, mas, talvez, ainda pior. O governo grego, como qualquer pessoa com um mínimo de bom senso teria suspeitado, ocultou, ao ingressar na moeda comum, a verdadeira situação financeira. É um tanto ou quanto improvável que os outros Estados participantes estivessem completamente ludibriados, mas para eles a política era mais importante que a economia. Assim sendo, a Grécia contraiu enormes empréstimos só para sustentar seu vasto aparato estatal, o qual representa, para boa parte de seus cidadãos, a principal esperança de emprego. Por conseguinte, durante certo tempo, os gregos foram capazes de desfrutar um padrão de vida muito superior ao que a realidade econômica do país podia de fato oferecer. Quando se resolveu levantar o tapete debaixo do qual os gregos escondiam seu custo, eles ficaram furiosos, sobretudo com os alemães, os quais começaram a insistir numa política de austeridade que, de forma abrupta, transformou os anos de bonança em anos de privação. Logo em seguida, a memória da ocupação nazista sobre a Grécia, que fora extremamente brutal, de imediato foi reavivada no país. Os alemães, alguns diziam, deviam uma compensação aos gregos; em contrapartida, alguns jornais alemães começaram a emitir opiniões muitíssimo desrespeitosas sobre a conduta e o caráter dos gregos.

Agora que os gregos pensam em sair da zona do euro, valendo-se dos meios tradicionais de estimular a inflação e a desvalorização a fim de reduzir ou dissolver sua dívida, já se ouve dizer que isso não será "permitido". Não será permitido por quem e por qual instância? Se um governo democraticamente eleito de uma nação não puder decidir a favor do interesse nacional de seu próprio país, tornar-se-á então claro que estaremos diante de um império, e não de uma organização democrática – e, de fato, José Manuel Barroso, presidente da Comissão Europeia, um organismo não eletivo, caracterizou a entidade europeia como um império, embora seja um império cuja natureza não se forjou pela força, mas por meio de um consenso entre os países que o construíram. Por "consenso" Barroso quer dizer o acordo entre as classes políticas desses países, que criaram enormes clientelas para si mesmas. Sempre que a população dessas nações teve a chance de expor oficialmente suas opiniões sobre a União Europeia, ela expressou sua contrariedade.

Certamente, impérios multinacionais tendem a fracassar, seja de forma pacífica ou violenta, e isso ocorre principalmente porque as pessoas passam a enxergá-los como entidades que privilegiam os interesses de alguns em detrimento dos interesses de tantos outros. Por outro lado, quanto mais forte for a ligação – emocional ou econômica – de uma classe governante ao império que controla, mais diligentemente ela resistirá à desintegração desse império. Ninguém que já tenha visitado Bruxelas ou o Parlamento europeu hesitará acerca da força real de direitos adquiridos que a União Europeia já consolidou. As perspectivas de um conflito real são muito propícias tanto dentro das nações quanto entre elas. Ocasionalmente, os burocratas da União Europeia falam e pensam como os gerontocratas soviéticos, embora estejam mais bem alimentados e mais bem-vestidos.

Por que isso aconteceu? Os dois terríveis conflitos da primeira metade do século XX provocaram a absoluta destruição do poder e da confiança europeus. Depois desses dois grandes conflitos, as populações europeias almejaram para si apenas uma vida pacífica e um melhor padrão de vida, mas os políticos ainda tinham sede de poder. A União Europeia foi supostamente o meio pelo qual essas duas demandas poderiam ser atendidas. No final do processo é provável que nenhuma delas seja, de fato, contemplada. A Europa continuará a declinar relativamente, se não absolutamente, na esfera econômica, ao mesmo tempo que a União Europeia permanecerá impotente diante dos assuntos internacionais. Um imenso e empanturrado organismo não significa um organismo forte e vigoroso.

Desde a primeira publicação deste livro, a Europa sobreviveu a uma ou duas tempestades. Caso ela continue a ignorar as causas dessas tempestades, é provável que, no final, testemunhemos algo mais próximo a um *tsunami*, e não a uma mera tempestade.

Prefácio

> Os trabalhos do homem podemos salvar; mas os próprios homens, estes teremos de enterrar.
>
> George Crabbe, 1823

> Éramos nós, velhos conhecedores, os reverenciadores da Europa de outros tempos, apenas uma minoria estúpida de complicados neuróticos, que amanhã seriam esquecidos ou ridicularizados? O que chamamos cultura, o que chamamos espírito, alma, o que temos por belo, formoso e santo, seria simplesmente um fantasma, já morto há muito, e considerado vivo e verdadeiro só por meia dúzia de loucos como nós? Quem sabe se realmente nem era verdadeiro, nem sequer teria existido? Não teria sido mais que uma quimera tudo aquilo que nós, os loucos, tanto defendíamos?
>
> Hermann Hesse, *O Lobo da Estepe*, 1927

Qualquer um que deseje ser criativo precisará buscar a autoconfiança necessária para arar o próprio terreno e terá de desenvolver a humildade para aceitar as críticas pertinentes. Todavia esse é um equilíbrio arduamente construído, como dirá todo aquele que tentou atingi-lo. Por outro lado, arrogância ou dócil submissão diante da opinião de críticos são deformações gêmeas que precisam ser evitadas e que se encontram em recíproco relacionamento dialético. É fácil transitar, como num pêndulo, entre as duas.

Da mesma forma, uma civilização precisa estar aberta às influências externas para não ficar autossatisfeita em estado de inanição, mas também não deve fazer-se excessivamente aberta, de modo que não veja nada que mereça ser preservado em suas próprias realizações. Nenhum estratagema é de mais difícil execução do que aquele que ao mesmo tempo conserva e opera a mudança.

A Europa Ocidental encontra-se embrenhada numa condição estranhamente neurótica e ao mesmo tempo presunçosa e angustiada, oscilando de modo contínuo entre a complacência e o desespero. Por um lado, acredita ter finalmente conseguido criar um sistema político-social que, descontando-se a necessidade de uma ou duas reformas, representa a completa e final resposta à antiquíssima questão de como o homem deve viver em sociedade. Portanto, nessa visão, os sérios problemas sociais que ainda persistem não seriam as consequências do sistema vigente, mas sobras do passado, as quais poderão ser facilmente corrigidas.

Por outro lado, existe uma angústia de que a Europa esteja ficando para trás na corrida do mundo globalizado, em que a não participação não é uma opção, especialmente no caso de uma região superpovoada e sem recursos naturais suficientes para sequer alimentar a própria população, para não falar da manutenção de um altíssimo padrão de vida ao qual se acostumou, cuja conservação passou a ser vista como o principal propósito da existência humana.

Como por direito, a Europa ambiciona tanto a segurança quanto o luxo, mas num mundo que tampouco pode ou deseja conceder-lhe tais coisas. Ao compreender e negar ao mesmo tempo essa realidade, a Europa anseia de forma angustiada por responder aos desafios, mas nada faz em termos práticos. Como o coelho hipnotizado pela doninha, deseja que os perigos simplesmente desapareçam e não mais retornem.

No entanto, enquanto teme o futuro, odeia o passado. As razões não são difíceis de ser discernidas. Existe a decepção pelo fato de o continente não ser mais o centro do mundo, como foi durante centenas de anos, posição à qual pensou ter direito natural. Além disso, a história do último século (o XX) parece ser nada mais que um catálogo de catástrofes. Deixem-me citar o classicista Goldsworthy Lowes Dickinson, durante a introdução das notórias palestras *Platão e Seus Diálogos*, publicadas em 1931:

> Nunca conheci um jovem que, ao passar por ela [A Grande Guerra], tivesse alguma crença no progresso, e incluo os que cresceram logo depois de seu término.

O próprio conceito de progresso, aplicado tanto ao futuro quanto ao passado, seria ilusório ou ingênuo, e, portanto, o passado não seria nada além de um prelúdio ou de uma preparação para os eventos que expuseram a ilusão daquilo que sempre fora. E esse sentimento já era dominante antes de eclodir a Segunda Guerra Mundial, o que seria a cereja no bolo do desespero, por assim dizer.

O hábito de não ver nenhuma *glória* no passado, mas de vê-lo apenas por meio das coisas que geraram os descontentamentos atuais, tornou-se geral e disseminado com a ampliação do sistema educacional e com a difusão da informação pelas mídias de comunicação em massa. Uma espécie de historiografia da miséria tornou-se a marca registrada do homem sensível e bem informado, cujo lema é esquivar-se de qualquer otimismo condescendente para com o passado. Encontrei um belo exemplo dessa forma de olhar as coisas, uma espécie de *reductio ad absurdum*, quando estive recentemente em Paris, onde por acaso tomei conhecimento de um livro de Patrick Besson chamado *Haine de la Hollande*.

Besson é simpatizante dos sérvios, e vê tanto a guerra da Otan contra a Sérvia quanto o subsequente julgamento de Slobodan Milošević como grandes equívocos. Como ocorre com frequência, eu concordo com ele. A guerra – que teve início com um pretexto mentiroso – de fato não resolveu nenhum problema e só foi vencida quando as forças da Otan recorreram aos mesmíssimos crimes dos quais a Sérvia fora acusada, isto é, o bombardeio de alvos civis. Essa guerra também desencadeou um processo semelhante de limpeza étnica que supostamente fora concebida para interromper. Em relação ao julgamento de Milošević, a guerra deu origem a um novo formato de tribunal de fachada, cuja sentença e cujo veredito já preestabelecidos levaram anos para ser concluídos, a enormes custos financeiros – um tribunal que, durante sua atuação, determinou os seus procedimentos legais para que se adequassem ao veredito. No entanto o Sr. Besson se permite odiar a Holanda porque o julgamento se deu em Haia. Seu livro começa com as seguintes palavras:

> Primeiro, vamos à questão geográfica. No mapa, trata-se de um ridículo e minúsculo pedaço de queijo roído por ratos.

Não passa pela cabeça do Sr. Besson que a criação de um país como esse, há séculos um dos mais ricos e livres do mundo, pode na realidade constituir um triunfo do espírito humano.

Então, ele passa para a história:

> Os holandeses começaram sua carreira na história do mundo colaborando com os romanos. Eles não resistiram por muito tempo ao avanço dos francos, os quais rapidamente consideraram o clima holandês revoltante, indicando por essa presciência o valor intrínseco dessa raça superior, e moveram-se para o sul, chegando ao Sena, onde se sentiram melhor.

Quem dera eu pudesse dizer que essa fosse uma passagem irônica, mas o livro foi impresso na Sérvia, e, seja lá o que se diga a respeito dos sérvios, a xenofobia deles é raramente irônica. Além do mais, o texto do livro prossegue:

> Alguns mentirosos notórios tentaram nos fazer crer que houve – entre 1600 e 1700 – uma "época de ouro" holandesa. Trata-se de uma fábula grotesca. Por exemplo, tomemos o caso de Vermeer, o pintor pequeno-burguês por excelência, capaz de desperdiçar seis meses para pintar uma serviçal a derramar leite. Vermeer é pesado, estreito, vazio e mesmo estúpido. Sua poesia não tem coração, sua inteligência carece de colhões. Ele é um homem frio e condenado. Técnica a serviço do nada, uma espécie de produção cinematográfica hollywoodiana antes da época.

No que diz respeito a Rembrandt, ele não é mais brando: "morbidamente enfático", "nauseantemente grandiloquente".

Durante a sua "denominada época de ouro", os holandeses "tiraram vantagem da falta de liberdade em outros lugares da Europa e enriqueceram publicando, em edições de uma qualidade abaixo do medíocre, obras proibidas em outros lugares" (como Descartes e Laclos, por exemplo).

Aqui temos um homem que, ao mesmo tempo que descreve Belgrado como "sagrada", descreve Amsterdã, cuja arquitetura doméstica é certamente uma das mais grandiosas já produzidas pela humanidade, nos seguintes termos:

> Amsterdã é uma tumba encharcada, onde as únicas pessoas que exibem um pouco de vida ou de calor são as incontáveis prostitutas africanas, asiáticas e árabes, intoxicadas de cerveja e de drogas leves. Amsterdã emana uma nostalgia sem sujeito e objeto. Está suspensa entre a maciez e a morte. Funcionários públicos adiposos, aposentados com artrose e turistas estúpidos vagam por seus canais em silêncio, os quais, por sua própria mediocridade, desencorajam o suicídio. Amsterdã cheira a batata frita; suas mulheres, certamente, a mexilhão.

É como se alguém que ao discordar da política externa americana dissesse, portanto, que Tennessee Williams não sabia escrever peças teatrais, Audubon não sabia pintar pássaros e Edison não era criativo.

Na realidade, esse tipo de historiografia a salientar um descontentamento presente, ou uma queixa, para apontar o dedo em riste para trás, e então alegar que isso compreende a história como um todo, tornou-se agora predominante. O número de queixosos já é tão grande que inclui a quase totalidade da população, e está sendo intensificado ainda mais, uma vez que as imigrações em massa balcanizaram amplamente as populações da Europa. Na Europa de hoje, mesmo os ricos e poderosos podem se imaginar como minoria oprimida.

A crença de que a história de alguém nada apresenta de bom ou de valor conduz ou aos sonhos utópicos de um novo começo, ou ao fracasso para se resistir a esses sonhos. Em outras palavras, ou ao fanatismo ou à apatia. O fanatismo é o ressentimento em busca do poder; o consumismo é a apatia em busca da felicidade.

O que vem da África? Sempre algo novo. E o que vem da Europa? O que exatamente? Colapso? Extremismo?

1. Algo de podre

Há algo de podre no Estado europeu, mas não é fácil dizer o que é ou de onde vem. A identificação é difícil, em parte porque, aquém do bigue-bangue, do Jardim do Éden ou do Movedor Imóvel, não existe nenhuma causa final de coisa alguma. Ao se traçar as origens de problemas sociais ou políticos, sempre se deixará em aberto o espaço para alguém dizer que essa origem tem uma origem ainda anterior, e que *essa* seria, portanto, a *real* e *verdadeira* origem.

É estranho contemplar a Europa cansando-se de si mesma. Em muitos aspectos, as coisas nunca estiveram tão bem no Velho Continente. A fim de fornecer uma mera ilustração para esse fato, tomemos a expectativa de vida: ela nunca foi tão alta. Quando o meu pai nasceu, em 1909, sua expectativa de vida era de quarenta e nove anos; mas, caso ele nascesse hoje, sua expectativa de vida se aproximaria dos oitenta. Sem dúvida, Keats, Schubert e Mozart[1] fizeram muito na curta vida que tiveram, mas a maior parte das pessoas optaria por vida mais longa.

Além do mais, o aumento da riqueza e do padrão de vida físico foi impressionante na Europa das últimas décadas. Em 1960, os camponeses sicilianos ainda viviam em suas casas com os animais de criação, e os meus pacientes da classe trabalhadora me contam da época em que

[1] Falecidos aos 25, 31 e 35 anos, respectivamente (N. T.)

dividiam os banheiros, que eram externos, com outras famílias. Na França, por exemplo, aqueles anos em que o país perdeu o seu império colonial são conhecidos como *les trente glorieuses*, os Trinta Gloriosos, quando a economia francesa cresceu de forma tão vertiginosa que a pobreza absoluta foi eliminada, ao mesmo tempo que o país construía uma das melhores infraestruturas do mundo. O *Wirtschaftswunder* (milagre econômico) alemão do pós-guerra foi realmente uma maravilha; e foi louvado sem cinismo, transformando completamente o país que o secretário do Tesouro dos EUA, Henry Morgenthau Jr., queria manter para sempre num estado rural de pré-industrialização no maior exportador de produtos manufaturados do mundo, uma realização absolutamente notável. Além do mais, a Alemanha fez isso enquanto criava seu próprio modelo de um Estado liberal-democrático exemplar.

E, não obstante, apesar de todo esse sucesso, há um disseminado senso de iminente obliteração, ou ao menos de declínio, a permear a Europa. Por exemplo, como europeu não posso deixar de sentir a rapidez com que o continente se distancia do resto do mundo toda vez que vou a Cingapura, Pequim ou mesmo Dubai.[2]

[2] Este último país está sendo construído, é claro, com um suprimento quase ilimitado de mão de obra de imigrantes indianos. Mesmo para uma pessoa como eu, de forma alguma um igualitarista, a disparidade entre a enorme riqueza de um pequeno grupo de privilegiados, nativos de um lugar no qual tiveram a felicidade de nascer nessa época, e as condições-limite nas quais vivem os trabalhadores indianos produz desconforto. Certa vez, em Dubai, comprei um anel de tanzanita para minha esposa numa joalheria e, enquanto o preço que ofereci pelo artigo era passado ao dono da loja para sua aprovação, eu pude conversar com o vendedor indiano que trabalhava naquele lugar, que começou a me contar como era sua vida. Ele trabalhava catorze horas por dia, seis dias por semana; seu salário era baixo, e descobri que eu (às vezes) ganhava mais como jornalista *freelance* em uma hora do que ele em um ano de trabalho. Sua moradia era rudimentar, e ele tinha somente uma semana de férias (não remunerada) por ano. Imagino que, como vendedor de joias, com o conhecimento que tinha, sua remuneração não seria certamente a mais baixa, tampouco suas condições de trabalho seriam as mais onerosas encontradas em Dubai na época. No entanto, ele não passava a impressão de infelicidade, muito menos de miséria. Para quem

Não me interessa, no caso, endossar os arranjos políticos ou sociais desses lugares, ou asseverar que eu gostaria de copiá-los, e muito menos de viver nesses lugares. A observação que faço pretende somente apontar para a fortaleza da economia desses lugares, na óbvia energia e inteligência que são capazes de amalgamar em todos os níveis populacionais. Basta compararmos o trabalho de um empregado na Inglaterra com o trabalho realizado por um empregado equivalente na China ou em Cingapura! O último trabalha freneticamente, colocando o coração e a alma em seu trabalho, como se algo importante dependesse dele. Ele participa de algo que o transcende. Em relação ao primeiro, não há nada maior, ou de qualquer forma mais significativo, do que ele mesmo, e, portanto, ele não tem pressa e sente uma pequena compulsão, interna ou externa, para atuar com poder. Seja lá qual for a explicação para a extrema, urgente e nervosa energia exibida pelos trabalhadores no Oriente, não creio que a compulsão externa explique toda ou mesmo grande parte dessa conduta. Afinal de contas, o trabalho escravo não é particularmente eficiente. Tampouco estou dizendo que essa

---

eu poderia ser facilmente considerado um moleque mimado e melindroso, ele se mostrou agradável e educado. E quando murmurei certa comiseração por sua situação, ele a descartou, dizendo-me que fora a Dubai por decisão própria e que sabia o que lhe aguardava, mas que era melhor do que ficar em casa em sua Bombaim nativa e que o salário – embora baixo – lhe permitia economizar o suficiente para seu casamento e lhe abria a possibilidade de iniciar o próprio negócio assim que voltasse para a Índia.

É claro, essa é exatamente a resposta que dariam os críticos de Dubai (não se trata aqui de lidar com a crítica sobre a vacuidade das compras e do mercado de luxo que atrai as pessoas para esses lugares). Os árabes dos emirados não empregam escravos, mas mão de obra livre, e, apesar de todas as histórias de abuso e exploração, essas pessoas continuam chegando. Sem dúvida, seria possível para os empregadores individuais aumentar os salários dessas pessoas, e ainda assim obteriam grandes lucros nos negócios, mas isso não altera o argumento fundamental. Tampouco essas considerações modificam meu ponto central: não se trata de analisar a justiça social da sociedade de Dubai, mas de observar seu manifesto vigor, embora a crise atual tenha exposto a fragilidade desse modelo de desenvolvimento.

energia seja absolutamente boa, benéfica ou atraente em si mesma. É claro que existem muito mais elementos em relação à boa vida do que trabalhar arduamente, alguém até poderia dizer fanaticamente,[3] embora não devamos subestimar, também, a importância do trabalho como fonte de respeito pessoal.

Quando um europeu testemunha toda essa energia, ele sabe que seu continente não será páreo, da mesma forma que um homem mais velho sabe, quando vê um jovem atleta no auge da forma, que não poderá competir com ele em vigor e graça. Os seus melhores dias ficaram para trás, e pouco o consola saber que agora – graças à idade – ele está mais sábio, rico ou menos atormentado pela ambição.

Mas isso deveria importar? Ninguém, ao viajar pela Europa, concluirá, com base no que vê, que a vida no continente se tornou insuportável, longe disso. Pelo contrário, em muitos países a vida parece ser distintamente boa. As pessoas são saudáveis (os holandeses são atualmente o povo mais alto do mundo, um tributo à abundância de comida no país, se não à excelência), e elas não precisam trabalhar excessivamente para sobreviver, estão abrigadas e aquecidas e têm renda extra suficiente para desfrutar seus entretenimentos, dos quais há uma variedade nunca antes vista. Olhando pela perspectiva dos padrões absolutos, não haveria motivo para rabugice.

Desafortunadamente – ou, talvez, seja uma coisa boa – o homem é um animal que faz comparações, ao menos quando obtém as

---

[3] Um dos primeiros poemas que tive de memorizar quando criança – época em que ainda não se acreditava, em todos os lugares, que a memorização na educação seria uma forma de abuso infantil – foi este, de W. H. Davies: *What is this life if, full of care, / We have no time to stand and stare. / No time to stand beneath the boughs / And stare as long as sheep or cows. [...] / A poor life this if, full of care, / We have no time to stand and stare.* Sem dúvida, um sentimento banal, mas certamente um que não está desprovido de certa verdade. É estranho perceber como a poesia barata é potente.

Em uma tradução livre para o português ficaria: O que é esta vida se, repleta de afazeres, / Não temos tempo de olhar e saborear. / Sem tempo para ficar à sombra, / A saborear como os rebanhos [...] / Pobre vida esta se, repleta de afazeres, / Não temos tempo para olhar e saborear. (N. T.)

necessárias informações para se comparar aos outros, e tornou-se mais que nunca propenso a fazer comparações nestes tempos de inigualável acesso à informação (de fato, hoje em dia não é mais necessário buscar a informação, pois ela vem até nós, queiramos ou não) e de viagens em massa. O que o faz feliz é menos um alto padrão de vida para si e mais um padrão mais alto que o do vizinho. Como bem observou Gore Vidal, não é suficiente que eu tenha sucesso, mas é necessário que alguém fracasse. Isso não se aplica somente ao padrão de vida, mas inclui realizações de outras naturezas.

A consciência de que a diferença entre a Europa e boa parte do resto do mundo, nos aspectos tanto da riqueza quanto das realizações em outras esferas, diminuiu dramaticamente, e, em algumas áreas, inverteu-se, provocou o aparecimento de um grande incômodo, mesmo que fosse considerado inevitável a longo prazo.[4] Ninguém gosta de perder posições na hierarquia das coisas.

No entanto há preocupações ainda mais sinistras a assombrar a Europa. Uma coisa é ficar remoendo um declínio que o leva a habitar um estático embora rico e cavalheiresco país que se parece mais com um museu a céu aberto, repleto de realizações de outrora, mas que não tem mais aquele poder vivo e vibrante;[5] outra coisa, porém, é ter de contemplar um absoluto declínio. Uma vez que o maquinário da competição internacional foi estabelecido, não dá para ficar parado. Pode-se somente ir para a frente ou para trás. Caso não se consiga manter o ritmo, o retrocesso é inevitável, e não de forma relativa, mas absoluta. Além do mais, a Europa não tem a bênção nem de grandes recursos naturais nem de imensas porções de terra virgem, nas quais suas populações possam viver uma vida mais simples que a requerida pelas economias avançadas.

[4] "O Continente Europeu", disse Disraeli em 1838, "não tolerará que a Inglaterra seja a fábrica do mundo." O que era verdade entre a Inglaterra e o Continente em breve se tornou verdade entre o Continente e o resto do mundo.

[5] Esse pensamento perturbador é expresso um tanto quanto forçosamente em, por exemplo, *La France Qui Tombe*, de Nicolas Baverez, Perrin, 2003.

Ansiedade

A chegada de pelo menos duas gigantescas nações industriais ao cenário – Índia e China – deixou os europeus irrequietos por dois motivos. O primeiro porque é inerentemente difícil competir com a combinação de mão de obra barata e alta tecnologia; o segundo porque a única forma de competir seria por meio de grandes avanços tecnológicos, que estabelecessem ampla vantagem técnica, mas que parecem cada vez mais distantes das reais capacidades europeias. O continente que inventou a ciência como um método autoconsciente de acumulação de conhecimento sobre a natureza, e dos meios pelos quais esse saber científico pode ser usado para atingir objetivos humanos (tanto bons quanto maus, é óbvio), perdeu, de forma constante, a sua posição de liderança e encontra-se hoje em dia reduzido à aplicação daquilo que terceiros descobrem e desenvolvem. Uma ilustração bem crua do declínio da ciência europeia nos é dada pelos números proporcionais de prêmios Nobel conquistados por cientistas britânicos e americanos nos campos da física e da química nos períodos entre 1940-1975 e 1975-2005. Os cientistas britânicos eram os mais prolíficos ganhadores de prêmios Nobel na Europa. No primeiro período destacado, os cientistas britânicos conquistaram 37,5% dos prêmios em física e química, em comparação com os americanos; no segundo período o número caiu para 4,5%. No caso do campo da química, os números foram de 93,3% para 16,7%, respectivamente. Além do mais, os números não declinaram apenas relativamente, mas também em termos absolutos. De 9 para 2 no caso da física, e de 14 para 6 no caso da química.[6]

Sem dúvida, a relação de sucesso entre ciência pura e proeza econômico-industrial não é direta e inequívoca. Muitos países ultrapassaram

[6] Numa nota mais brilhante, premiações para o Nobel da Paz concedidas para cidadãos ou organizações britânicos cresceram cerca de 250%, reconhecidamente de uma base baixa. Nem todo mundo se rejubilará com isso, todavia, uma vez que esse prêmio parece ser frequentemente conferido àqueles que se negam a se entregar ou a encorajar a violência à qual essas mesmas pessoas previamente se entregaram ou a qual encorajaram.

economicamente a Grã-Bretanha sem, contudo, representar 5% da contribuição dos britânicos para o conhecimento científico. Todavia não é o caso apenas da Grã-Bretanha, mas o problema é que toda a Europa não pode mais ser vista na dianteira da tecnologia mundial, embora ainda existam áreas isoladas onde esta assegure alguma liderança. E esse declínio relativo – que em alguns casos pode se tornar até absoluto – é, ao mesmo tempo, humilhante em si mesmo e um indicador de fraqueza num mundo altamente competitivo. Além disso, não é possível encontrar qualquer sentimento generalizado de confiança a mostrar que uma mudança para melhor seria questão de tempo, ou mesmo que alguém saiba, mesmo que apenas teoricamente, para não dizer na prática, como promover uma melhora de desempenho. Explorarei as profundas razões dessa falta de perspectiva mais adiante.

A terceira causa de ansiedade na Europa provocada pelo crescimento da Índia e da China, e de outros participantes menores mas consideráveis, é a vulnerabilidade estratégica da Europa. O continente é quase todo dependente de fontes estrangeiras e distantes de energia. Essas fontes localizam-se em áreas ou países que são ou politicamente instáveis ou potencialmente hostis – a competição pelos recursos desses territórios pode gerar um recrudescimento das tensões. A retração econômica que causou uma baixa no preço do petróleo talvez não dure para sempre, da mesma forma que retrações anteriores não duraram para sempre;[7] e com frequên-

[7] O que aconteceu no passado não é um guia infalível para o futuro, é claro, mas é provavelmente melhor do que guia nenhum. Nos dias de glória do último *boom* econômico, eu lia artigos de vários articulistas de jornais, mais conhecedores de economia do que eu (o que não seria difícil), que diziam que o ciclo de negócios havia sido finalmente superado pelo ciclo virtuoso de uma produtividade mais alta, de um lado, e de uma constante e crescente demanda, de outro; ao mesmo tempo que diziam que os bancos centrais e as autoridades reguladoras tinham então se tornado suficientemente sofisticados e armados pelas experiências passadas a fim de prevenir sérias recessões, para não falar de catástrofes como a de 1929. Ao ler, de Charles Mackay, *Memoirs of Extraordinary Popular Delusions and the Madness of Crowds*, eu não acreditava nessa conversa; mas minhas razões para não acreditar eram insuficientes. Não obstante, eu estava certo em me manter cético.

cia o que temos é um subsequente período de exuberante crescimento. Nesse ponto, a competição por recursos energéticos será feroz, e o apelo à utilização de força ou ameaça de força talvez seja necessário. Como a Europa se sairia caso essa eventualidade ocorresse?

A Europa não é apenas não militarista, ela é antimilitarista.[8] A profissão militar não goza, no continente, de nenhum prestígio; pelo contrário, representa o oposto do prestígio. Pensamento algum soa mais estranho à moderna mentalidade europeia – gerada numa paz duradoura que se seguiu às duas guerras mais catastróficas da história – do que aquele que apregoa que o desejo por alcançar a paz implica estar bem preparado para a guerra. Apenas considerar um pensamento desse é correr o risco de ser rotulado de belicoso, como alguém que secreta ou abertamente glorifique o abate marcial de milhares de jovens.

Fraqueza

A falta de preparo e de capacidade militar produz, todavia, suas consequências. Quando, durante o polêmico episódio das caricaturas dinamarquesas,[9] a Embaixada da Dinamarca em Damasco foi atacada com a óbvia conivência do governo sírio, como a Europa respondeu? Ou como poderia ter respondido? A impressão passada, impressão correta, era que a Europa não tinha meios para lidar com um punhado de astutos e traiçoeiros mulás que incitavam ataques contra a Dinamarca, além de, na prática, ceder às exigências de que certos assuntos importantes não poderiam ser doravante discutidos. Mesmo que uma política de apaziguamento não tenha sido oficialmente enunciada, o que ficou claro de modo evidente, em todo o episódio, é que não haveria retaliação por parte das nações

[8] Suponho aqui que exista uma diferença entre militarismo – ou seja, ver o exército como a instituição central de um país ou Estado – e a condição de preparo militar.

[9] Em 30 de setembro de 2005, um jornal dinamarquês publicou caricaturas que satirizavam Maomé. O episódio afetou relações diplomáticas e comerciais entre a Dinamarca e vários países muçulmanos. (N. T.)

europeias como resposta às ameaças contra os seus cidadãos, e que não haveria retaliação porque não havia meios para isso. A vida sossegada fora claramente escolhida em detrimento de uma vida livre. Caso apaziguássemos o suficiente, haveria paz em nossos tempos.

As forças navais europeias são insuficientes até mesmo para suprimir os piratas somalis, para não falar da proteção necessária aos seus interesses contra agressores mais sérios, os quais têm as garras cravadas sobre fontes energéticas vitais ao continente. Não é porque a belicosidade é um vício que a covardia será virtude. Tampouco esta obterá respeito; em vez disso, receberá o desprezo daqueles que não compartilham o mesmo ponto de vista antimilitarista.

Embora mais próspera e mais saudável do que nunca, a Europa olha para o futuro com ansiedade ou mesmo com medo, como se tivesse uma doença secreta que ainda não houvesse se manifestado em sintomas óbvios, mas que, não obstante, já tivesse consumindo as partes vitais do continente. Os europeus bem sabem que – no linguajar chinês – o mandato do céu lhes foi retirado; e ao perdê-lo, eles perderam tudo. O que lhes restou foi poder assegurar a manutenção de seus privilégios restantes da melhor forma que puderem; *après nous*, como observou uma notória amante de Luís XV, *le déluge*.[10]

[10] A frase, "Depois de nós, o dilúvio", é atribuída à Marquesa de Pompadour. (N.T.)

2. Preocupações demográficas, ou a escassez de nascimentos e suas consequências

Nos *Sonetos*, Shakespeare diz ao jovem a que eles são dirigidos que ele precisa ter filhos, particularmente um menino; caso contrário, sua vida será em vão, vivida de forma vil e egoísta. Os primeiros versos da sequência são:

> Dentre os mais belos seres que desejamos enaltecer
> Jamais venha a beleza da rosa fenecer [...]

A mensagem é transmitida *ad nauseam* não fosse pelo sublime talento poético de Shakespeare:

> Não sejas turrona, pois és por demais bela
> Para que a morte vença, e os vermes te consumam

Teríamos também:

> É por medo de causares pranto a uma viúva,
> que despendes a vida como solteiro?
> Ah, se morreres sem deixar um herdeiro,
> o mundo te lamentará como uma esposa estéril;
> Deixarás enviuvar o mundo, que ainda lamentará
> não teres legado a ninguém a tua semelhança,

Ou:

Quem poderia ruir uma casa assim tão bela,
cuja economia em honra se poderia prevenir
contra o vento impiedoso dos dias frios,
e a estéril fúria do eterno estupor da morte?
Ó quanto desperdício! Meu caro, sabes
que tiveste um pai, deixa o teu filho dizer o mesmo.[1]

Na verdade, daria para citar várias passagens que transmitem essa mensagem, ou um pensamento bastante próximo, e que durante boa parte da história humana foi um lugar-comum, isto é, que a transmissão da vida de um sujeito para a geração seguinte faz parte tanto daquilo que torna a vida algo que valha a pena enquanto um testemunho de que, de fato, vale a pena ser vivida. Mas, conforme tudo indica, os europeus modernos não concordam com isso. Eles não estão preocupados com seus substitutos, e têm coisas mais importantes em que pensar. Abaixo o índice de fertilidade de vários países europeus em 2004 (filho por mulher):

> Irlanda (1,99), França (1,90), Noruega (1,91), Suécia (1,75), Reino Unido (1,74), Holanda (1,73), Alemanha (1,37), Itália (1,33), Espanha (1,32), Grécia (1,29).

A taxa de reposição do índice de fertilidade de países desenvolvidos como os acima listados fica geralmente na casa dos 2,1.[2] Portanto, nenhum

[1] No original, Soneto I: *From fairest creatures we desire increase, / That thereby beauty's rose might never die...*; Soneto VI: *Be not self-willed, for thou art much too fair / To be death's conquest and make worms thine heir.*; Soneto IX: *Is it for fear to wet a widow's eye / That thou consum'st thyself in single life? / Ah, if thou issueless shalt hap to die, / The world will wail thee like a makeless wife, / The world will be thy widow and still weep.*; Soneto XIII: *Who lets so fair a house fall to decay, / Which husbandry in honour might uphold / Against the stormy gusts of winter's day / And barren rage of death's eternal cold? / O none but unthrifts! Dear my love you know, / You had a father; let your son say so.* (N. T.)

[2] É ligeiramente mais alto que 2 porque, é claro, algumas crianças morrem antes de poder reproduzir. Quanto maior for o número de crianças a morrer antes da idade de reprodução, maior terá de ser a taxa de fertilidade de substituição.

país da Europa Ocidental apresenta uma taxa de fertilidade que garanta que a sua população será mantida no tamanho atual.

Além do mais, a expectativa de vida continua a subir. Alguns dos países com os mais baixos índices de fertilidade (por exemplo a Espanha e a Itália) apresentam um dos mais altos índices de expectativa de vida no mundo, os quais continuam a subir. Esse crescimento, por sua vez, aumenta os temores em relação à diminuição da proporção da população economicamente ativa, e aqueles desafortunados que ainda precisam trabalhar terão de dedicar ainda mais do seu tempo de trabalho à manutenção do crescente contingente de aposentados. Isso criará tensões, e de forma ainda mais grave à medida que a cultura jovem, que paradoxalmente predomina em meio a uma população envelhecida, não se mostra exatamente solícita e respeitosa em relação ao conforto, às opiniões e ao bem-estar dos mais velhos.

Imigrantes no lugar dos filhos

Uma solução, entusiasticamente abraçada por alguns, especialmente pelos intelectuais progressistas, mas temida pela maioria, é a imigração em massa proveniente de países distantes, dos quais não sabemos quase nada. A Europa, certamente, sempre conheceu movimentações populacionais, pacíficas, violentas, tenebrosas ou benéficas, conforme cada caso.[3] No entanto, o tipo de imigração em massa recente que ela experimenta é de outra natureza, o que faz com que grandes cidades se tornem estranhas àqueles que nelas nasceram e cresceram. Por si só isso pode gerar boa dose de ansiedade; já temos uma dose suficiente de mudança para absorver que vem da esfera tecnológica, e não precisaríamos de doses adicionais de

[3] Minha mãe e meus avós paternos vieram para a Grã-Bretanha como refugiados. Os avós paternos de minha esposa foram para a França como refugiados. Na composição social de classe média na Grã-Bretanha ou na França, especialmente nos círculos intelectuais ou naqueles das profissões liberais, é impressionante notar a quantidade de movimentação populacional na ancestralidade de seus participantes.

ansiedade geradas pela falta de compreensão no que se refere a suposições culturais, éticas e sociais fundamentais de nossos vizinhos.

Especificamente, é claro, existem profundas e geralmente veladas ansiedades a respeito do tamanho e do aumento da população muçulmana na Europa. Essa população é mais jovem do que a nativa, ou do que a população não muçulmana;[4] e é constantemente ampliada por aquilo que se conhece como casamentos "arranjados", o que significa dizer casamentos nos quais um muçulmano residente arranja uma noiva ou um noivo em sua terra ancestral e então, sob as regras familiares de reunificação, traz a pessoa para a Europa. Finalmente, a taxa de fertilidade entre a população muçulmana também é temida por ser muito mais alta do que a da população nativa.

Portanto, quando os jornais franceses divulgaram, de forma triunfal ou mesmo triunfalista, que a taxa de fertilidade na França tinha recentemente se tornado a mais alta da Europa (embora ainda não alcançasse o nível mínimo de substituição), publicando quadrinhos a ilustrar as notícias de uma rejuvenescida Marianne,[5] com os braços desnudos a contrair seus bíceps demográficos, havia, no entanto, um intruso, ou seja, a parcela de bebês nascidos de mães muçulmanas. Não havia uma só palavra a respeito desse delicado ponto; sua menção teria sido considerada um solecismo intelectual e moral. Em vez disso, os artigos sugeriam que os números representavam uma vitória da política do bem-estar social do Estado francês, a qual supostamente tornara mais fácil, mais confortável ou economicamente mais vantajoso para as mulheres ter filhos no país do que em qualquer outro lugar da Europa.

---

[4] Aqui a terminologia é difícil, e está ficando mais difícil. Muçulmanos da segunda geração são, é claro, nativos, pelo fato de terem nascido no território e de não terem outra nacionalidade a não ser aquela do local de seu nascimento.

[5] A Britânia da França. Ela sempre me pareceu levemente enfezada, como acontece com a maior parte das expressões míticas dos países, como se as suas populações não vivessem à altura de seus ideais – o que, certamente, não acontece. De qualquer forma, não creio que a Marianne, ou mesmo a Britânia, daria uma boa companhia num jantar com amigos.

O mesmo intruso era notável, por sua ausência, no artigo do Instituto Nacional Francês para Estudos Estatísticos e Econômicos, intitulado *Balanço Demográfico: um crescimento natural recorde*. O Instituto enfrentou tanto problemas práticos quanto éticos; o problema prático é que o censo francês e os dados de registro não contêm informação sobre as afiliações religiosas dos cidadãos franceses. O problema ético era o perigo de jogar lenha na fogueira, ou mesmo de iniciar um incêndio, caso tal informação fosse coletada e ficasse disponível, por exemplo, ao se pesquisar os nomes de batismo daqueles nascidos num país em determinado período, o que certamente teria dado uma ideia geral da proporção de crianças nascidas de pais muçulmanos.

Algo está faltando

Entretanto, certamente não é difícil perceber as ansiedades expressas pelos franceses e por outros a respeito da evolução demográfica na França. Especulações e declarações impactantes abundam e florescem numa atmosfera na qual dados precisos são raros, já que o Estado francês insiste que, uma vez que um sujeito se torne cidadão francês, seus ancestrais se tornarão, metaforicamente, gauleses; portanto eles não podem ser diferenciados de nenhum outro francês, seja em estatísticas, seja em qualquer outra coisa. Demandaria uma considerável sutileza conceitual assim como certo conhecimento empírico para desenredar as verdades e falsidades de tudo isso.

Vamos então nos dedicar à questão de saber até onde os medos demográficos são justificáveis. Aqui, é fundamental fazer uma ressalva: uma projeção não é uma previsão. Aquilo que aconteceu no passado talvez não aconteça no futuro; aquilo que não aconteceu no passado talvez aconteça no futuro. Nenhum artifício é mais propício para gerar ansiedades e agitações do que estender indefinidamente a linha de um gráfico exponencial até alcançar uma situação impossível e catastrófica.

Se numa placa de Petri e dentro de adequados meios de crescimento fossem reproduzidas as bactérias *Staphylococcus aureus*, a colônia continuaria crescendo indefinidamente, até que, em pouco tempo, toda a biosfera seria constituída e tomada por essa bactéria. Todavia, é evidente, isso não acontece. O estafilococo não toma conta do planeta porque as condições necessárias para o seu crescimento exponencial não se sustentam por muito tempo. Quando se olha para a história das recentes e fracassadas previsões apocalípticas (e parece não haver outra coisa de que o homem moderno goste mais, a julgar pelos números de livros vendidos, do que a contemplação da aniquilação de sua própria espécie), constata-se que elas fracassam justamente porque seus autores não avaliaram de forma suficiente a diferença entre projeção e previsão. Desde que nasci, a Terra já estava destinada a congelar ou aquecer completamente, a ponto de o planeta deixar de ser habitável aos humanos;[6] a população esteve destinada a crescer tão rapidamente que uma fome generalizada, numa escala sem precedentes, foi vista como literalmente inevitável; a disseminação da aids dizimaria a população do mundo sem que ninguém pudesse fazer nada a respeito; centenas de milhares, se não milhões, de conterrâneos meus estavam condenados a contrair uma variante da doença de Creutzfeld-Jakob por ter ingerido carne infectada pela doença da vaca louca. Sem dúvida, existiram muitos outros apocalipses previstos, dos quais não tomei conhecimento, e todo mundo tem o seu favorito. Embora certamente seja verdade que um dia um apocalipse como esse possa ocorrer, se apenas uma fração daquilo que foi previsto que aconteceria nas últimas três décadas tivesse realmente acontecido, as coisas teriam ficado muito difíceis para a raça humana. Em vez disso, no entanto, ela floresceu – a tal ponto que seu florescimento tornou-se a futura precondição para novos e inevitáveis apocalipses.

Com isso em mente, vamos considerar as premissas associadas à morosidade demográfica que tomou conta da Europa e (mais especificamente) dos analistas europeus.

---

[6] Cf. Robert Frost: Alguns dizem que o mundo acabará em chamas, / Outros, pelo gelo. / Daquilo que já provei do desejo / Fico com as chamas. / Mas caso viesse a morrer duas vezes, / Conheço o ódio o bastante / Para dizer que o gelo avassalador / Também é belo / E seria suficiente. No original: *Some say the world will end in fire, / Some say in ice. / From what I've tasted of desire / I hold with those who favor fire. / But if it had to perish twice, / I think I know enough of hate / To say that for destruction ice / Is also great / And would suffice.*

Apocalipse em breve, ou não

Em primeiro lugar, temos a suposição impensada de que um país de sucesso – em termos econômicos – tem de, necessariamente, apresentar uma grande e crescente população.

Certamente grandes populações não são necessárias para o sucesso econômico. Cingapura e Hong Kong estão entre as economias mais bem-sucedidas do mundo, as quais, num período relativamente curto, de longe ultrapassaram em produtividade a economia da nação colonizadora, a Grã-Bretanha. A Dinamarca, país que não apresenta nem uma grande população, tampouco alto índice de crescimento populacional, tem uma economia mais bem-sucedida que a dos Estados Unidos.

Por muitos anos, países com populações grandes e alto crescimento populacional experimentaram um pequeno crescimento econômico. A Nigéria tem a maior população dentre os países africanos, embora sua economia seja espetacularmente ineficiente, apesar de o país possuir enormes reservas de petróleo.[7]

Em outras palavras, uma grande e crescente população não é causa necessária, tampouco suficiente, para o sucesso econômico, e pode de fato nada ter a ver com sucesso econômico. Acesso a grandes mercados pode ser outro ponto, mas uma grande população não constitui, necessariamente, um grande mercado.

Em segundo lugar, embora obviamente exista alguma conexão entre uma grande e jovem população e seu poder militar, essa relação não é, de forma alguma, simples e direta. Tecnologia e moral da tropa são tão importantes quanto o tamanho do contingente, e nenhum número de homens compensará a falta de ambos. A Grã-Bretanha derrotou a China na Guerra do Ópio,[8] apesar de ter uma população que não representava 5% da população do Império Celestial.

---

[7] Creio que aqui se poderia fazer uma boa troca substituindo-se "apesar" por "por causa de".

[8] Uma derrota que deve ser certamente aplaudida por todos aqueles que acreditam no inalienável direito do homem de se intoxicar com qualquer coisa

Em terceiro lugar, a visão de uma população idosa como necessariamente uma população na qual haveria um número crescente de parasitas econômicos talvez também não seja acurada. Contrário ao argumento miserabilista segundo o qual uma vida mais longa inevitavelmente contém um período maior de dor, sofrimento e incapacidade, a tendência nos mostra não apenas que as pessoas estão vivendo por mais tempo mas que ostentam uma saúde muito melhor durante esses anos. De fato, quanto mais vivem, mais anos de boa saúde elas podem desfrutar. Portanto os governos não só sentem a necessidade de atrasar a idade de aposentadoria por causa das ampliadas expectativas de vida mas também apresentam tolerância para com isso. As pessoas são agora capazes de trabalhar muito além da idade que, no passado, seria considerada ideal para a aposentadoria.[9] Isso significa más notícias caso você odeie seu trabalho e o considere somente um desprazeroso meio de alcançar um fim, mas é uma boa notícia caso seu trabalho seja uma importante fonte de satisfação para você. Já se sabe, há muito, que médicos que se aposentam no último momento possível, numa idade depois da qual suas instituições não mais o empregarão, podem esperar uma aposentadoria bem curta, pois morrem logo depois. Presume-se que um trabalho continuado lhes teria prolongado a vida; de qualquer modo, a evidência sugere que uma vida ativa, socialmente, culturalmente e intelectualmente, é propícia à saúde como um todo. Embora seja verdade que um extenuante trabalho braçal permaneça além da capacidade dos mais velhos, esse tipo de trabalho não será, todavia, a onda do futuro nas economias avançadas. Portanto não é necessariamente verdadeiro que uma população idosa deva compreender uma proporção cada vez maior de membros inativos, diante da população economicamente ativa, para não falar que a população inativa não representa, necessariamente, um empecilho insuperável para a população ativa. Além disso, caso a minha própria

que lhe agrade. Nesse sentido, a guerra certamente gerou um aumento na liberdade do chinês médio.

[9] Quando me qualifiquei como médico em 1974, geriatras recebiam pacientes acima dos 65 anos. Na época de minha (precoce) aposentadoria, esses especialistas só recebiam pacientes acima dos 80 anos.

história sirva para alguma coisa, a necessidade de consumo decresce com a idade, a pessoa se torna mais satisfeita, e a posse de coisas materiais não produz um décimo da satisfação que costumava produzir.

Vale a pena relembrar também – um ponto bem diferente – que o envelhecimento da população talvez não prossiga. O fato de a expectativa de vida ter subido mais ou menos de modo contínuo no último século não significa, necessariamente, que ela continuará a crescer. Bertrand Russell fez essa observação ao discutir o problema da indução lógica em seu curto livro introdutório, publicado em 1912, *Os Problemas da Filosofia*.

> Sabemos que todas essas grosseiras expectativas de uniformidade conduzem ao erro. O homem que alimenta um frango todos os dias, durante a vida toda, por fim o degola, mostrando que visões mais refinadas no tocante à uniformidade da natureza teriam sido úteis ao frango.

Em outras palavras, um contínuo aumento na expectativa de vida, embora possível e talvez provável, não é intrinsecamente irreversível. A natureza é capaz muito bem de desenvolver pequenas surpresas para nós, as quais derrubarão nossos cálculos: com frequência, os planos orquestrados com mais cuidado *terminam em desastre*. Faz bem relembrar a última parte do poema de Robert Burns, do qual esse antigo ditado foi adaptado, "Para um Camundongo, ao Expô-lo em seu Ninho com o Arado" [To a Mouse, on Turning Her Up in Her Nest with the Plough]:

> Comparada a mim, vós sois abençoada!
> Apenas o presente vos toca:
> Mas, Oh! Lanço os olhos para trás,
> Diante de abomináveis perspectivas!
> E lanço-os para a frente, embora nada veja,
> Conjecturo e temo![10]

[10] No original: *Still thou art blest, compar'd wi' me! / The present only toucheth thee: / But Och! I backward cast my e'e. / On prospects drear! / An' forward, tho' I canna see, / I guess an' fear!* (N. T.)

Ao conjecturarmos e temermos, esquecemo-nos da enorme adaptabilidade humana. Eu frequentemente a esqueço. Vinte e cinco anos atrás, depois de uma breve visita ao Egito, escrevi um artigo para um famoso periódico britânico no qual destacava que 1% da remanescente terra arável do Egito era usada, todos os anos, para a construção, e que a população crescia a uma taxa de 3% ao ano. No melhor do meu estilo Cassandra, previ o desastre: fome em massa num país em que sua porção habitável era do tamanho de Gales, mas que, não obstante, tinha uma população destinada a se tornar maior que a da Grã-Bretanha e da Holanda combinadas. Quando e onde ocorreria essa fome? Ah, dê-lhes mais um quarto de século, será dito, e ela virá (embora o índice de crescimento populacional tenha caído pela metade). Esquecemo-nos de que há um macabro prazer ao contemplar epidemias apocalípticas, fomes generalizadas e guerras. Somos como Agostinho(s) de última hora a rezar: "Senhor, traga-nos o fim, mas não agora!".

3. Eles procriam como...

Voltemo-nos à demografia dos muçulmanos na Europa e aos medos que estes frequentemente geram – ou esperanças, pois isso importa, entre aqueles que desejam ver a bandeira verde do Islã desfraldada por toda parte, na fátua esperança ou na expectativa de que todos os problemas humanos serão então resolvidos, uma esperança ou expectativa que, mesmo que não fosse refutada pela mais elementar reflexão sobre a natureza humana, seria negada pela própria história do Islã, desde os seus primeiros anos.[1]

O grande temor é o seguinte: a população muçulmana da Europa é mais jovem e muito mais fértil que o resto da população, portanto não demorará muito para a Europa se islamizar como decorrência do peso dos números. Não é difícil encontrar declarações alarmistas a anunciar que esse processo já se encontra de tal modo avançado que se tornou irrefreável, e

---

[1] Três dos quatro denominados "califas justamente guiados", aqueles que eram sucessores diretos de Maomé, foram assassinados, dois deles por grupos rebeldes. A esposa preferida de Maomé, Aisha, é tida como encorajadora dos rebeldes contra Uthman, pelos quais ele foi assassinado. O que poderíamos dizer de uma organização política moderna na qual de quatro dos líderes do governo três fossem assassinados em questão de vinte e nove anos, dois deles por pessoas que os confrontaram? Não acredito que perfeição seria a palavra que viria à mente, tampouco seria um modelo a ser emulado.

não é de admirar que um luminar como o arcebispo da Cantuária, líder da igreja que se autodenomina como apostólica e universal, se permita dizer na BBC que a adoção da lei da aria na Grã-Bretanha parece agora inevitável[2] e, de fato, desejável.

A fecundidade das mulheres nascidas na Holanda e ainda residentes no país era de 1,6% em 1990 e de 1,7% em 2005. Os números relativos às mulheres nascidas no Marrocos que moravam na Holanda nesses anos eram, respectivamente, 4,9 e 2,9. Tendências de queda nas taxas de fertilidade podem ser vistas em todos os países islâmicos, e é provável que cheguem, em determinado estágio, a patamares abaixo do nível de substituição. É uma projeção, claro, não uma previsão tida como certeira. Desse modo, em países como a Holanda, que dificultou a entrada de imigrantes, e supondo aquilo de que não se pode ter certeza, isto é, que as tendências prossigam em seu padrão, a proporção da população que é muçulmana talvez cresça por um tempo e então será estabilizada. A Áustria apresenta quadro semelhante.

Na França, que tem de longe a maior população muçulmana da Europa, fica difícil vislumbrar o quadro geral. Cerca de metade de sua

---

[2] Não é sempre fácil saber ao certo o que o arcebispo quis dizer, e eu suspeito que ele enfrente o mesmo problema. Lamentavelmente, opacidade não significa profundidade, tanto na prosa quanto na água. A fim de ilustrar, cito uma passagem típica de sua palestra a advogados eminentes em Londres intitulada *Direito Civil e Religioso na Inglaterra – Uma Perspectiva Religiosa*. "O Estado de direito não é, portanto, a consagração da prioridade da dimensão universal/abstrata da existência social, mas o estabelecimento de um espaço acessível a todos no qual seja possível afirmar e defender um comprometimento para com a dignidade humana, *como tal*, independentemente de afiliação em qualquer comunidade ou tradição humana específica, de modo que quando tradições ou comunidades específicas estão em perigo de reivindicar finalidade para as suas próprias fronteiras e formas de compreensão, elas são lembradas que têm de se harmonizar com a realidade da diversidade humana – e que a única forma de fazer isso é ao reconhecer a categoria de 'dignidade humana como tal' – uma suposição não negociável, em que cada agente (como suas próprias afiliações sociais e históricas) pudesse esperar receber uma voz na criação de um projeto comum para o bem-estar e a ordenação do grupo humano". Com o arcebispo, não apenas vemos, mas lemos, através de um vidro turvo.

população de cinco milhões de muçulmanos não compreende cidadãos franceses. Entre 1991 e 1998, a taxa de fertilidade para todas as mulheres residentes na França era de 1,7%, ao passo que para as mulheres nascidas no exterior era de 1,8%. Para mulheres nascidas na Turquia era de 3,21%; na Argélia, de 2,57%; no Marrocos, de 2,97%; e na Tunísia, de 2,9%.

As mulheres nascidas na Turquia que viviam na França tinham mais filhos que as mulheres turcas residentes na própria Turquia; o mesmo também valia para as tunisianas, mas o inverso se dava entre argelinas e marroquinas, as quais tinham em média menos filhos como residentes na França. A interpretação ou o significado do fato de turcas e tunisianas terem mais filhos na França do que em seu país de origem não é simples nem direta, tampouco autoevidente. Deve vir de subpopulações nas quais isso não ocorre (como, certamente, pode ser o caso das mulheres da Argélia e do Marrocos que têm menos filhos na França do que em seus países nativos).

Contrarrevolução demográfica

Não obstante, um declínio na fertilidade parece no momento ser o padrão; o índice geral de fertilidade em vários países muçulmanos encontra-se atualmente abaixo do índice que apresentava a França antes da década de 1960. A transição demográfica, como é conhecida, é o resultado de forças muito mais poderosas do que as do desejo de alguns muçulmanos de impor a religião islâmica ao mundo. Portanto, supondo-se que a Europa como um todo encontre uma forma, e encontrará, de limitar a imigração em massa proveniente de países islâmicos, existem fortes razões para acreditar que a proporção de muçulmanos, na população europeia, se estabilizará, embora numa proporção maior do que a atual, sem dúvida, mas ainda em patamares minoritários.[3] A mudança demográfica não representa uma ameaça à sobrevivência da Europa, como por vezes se alega.

[3] A limitação pode também ser gerada de forma espontânea, pela mão invisível do mercado. A falta de oportunidade econômica pode também tornar a Europa menos atraente como destino dos desesperados, embora seja preciso admitir

Mudança dos imigrantes

Há outra consideração que deveria fazer pensar aqueles que veem a islamização – de qualquer modo distinta daquela ocasionada somente pelos números – como a ameaça mais fundamental para a continuidade da Europa como civilização. A suposição de que a experiência imigratória na Europa e a subsequente vida no continente nada contribuem para a mudança dos próprios muçulmanos, e que, de fato, a sua afiliação religiosa abarca um completo e inexorável domínio sobre eles, de modo que nada mais exerce qualquer influência significativa na formação e na manutenção de suas identidades. Acredito que esta seja uma visão um tanto ou quanto grosseira e pessimista. De fato, parece-me mais provável que a onda de islamismo na Europa seja uma reação ao deslocamento cultural causado pelo imenso poder atrativo que os jovens muçulmanos experimentam simplesmente ao viver na Europa (muitos dos quais me parecem, na verdade, *sub specie aeternitatis*, não muito atraentes). Retornarei ao islamismo daqui a pouco.

No entanto, primeiro temos a seguinte questão: a religião é sempre e em todos os momentos o princípio organizador do sentido de identidade muçulmano? Ou seja, se alguém é um muçulmano nada mais lhe importa, ou pelo menos não muito? A resposta a essa pergunta é não.

O maior grupo de muçulmanos que vivem na Holanda é de origem indonésia, mas pouco se sabe sobre eles porque são respeitadores da lei e religiosamente mais modestos. O Islã da Indonésia é notoriamente brando e pouco inclinado ao fanatismo, ou assim era, até pouco tempo atrás. A possibilidade de que possa mudar na direção do rigor, mudança que segundo alguns já está ocorrendo, não altera a questão em si, de que o Islã nem sempre consome integralmente aqueles que o professam em detrimento de todo o resto.

Pesquisas na França provam que mais de metade dos muçulmanos franceses considera francesa sua primeira identidade, em vez de islâmica.

---

que, para que isso ocorra, as condições na Europa teriam de se deteriorar bastante, e as condições na África precisariam, em contrapartida, melhorar muito rapidamente; só assim a Europa deixaria de ser a estrela-guia dos olhos africanos.

A maior parte tem boa ou favorável impressão do país. Talvez isso não seja de todo uma surpresa, uma vez que a frequência deles à mesquita é alta somente em comparação aos padrões de frequência à igreja num dos países mais irreligiosos da Europa. Um quinto dos muçulmanos na França se casa com pessoas que não seguem a sua religião, e embora seja possível que alguns deles solicitem a conversão de seu cônjuge como condição para o casamento, também é provável que muitos deles expressem certa indiferença, diante de sua religião, em razão de sua escolha de casamento.

É indubitável que o significado das evidências dessas pesquisas não fica sempre claro. As pessoas podem mentir a respeito de seus verdadeiros sentimentos ou de suas crenças, apesar de todas as promessas de anonimato. A relação entre as respostas que dão – mesmo que indicativas de suas verdadeiras crenças e de seus sentimentos – e a sua real conduta é desconhecida. Afinal de contas, a maioria de nós tem crenças e sentimentos, alguns muito fortes, sobre os quais não agimos; de fato, crenças e sentimentos *contra os quais* agimos quando impelidos a fazer isso em virtude de outras e fortes motivações. Essas advertências devem ser consideradas, sejam lá quais forem as visões expressas nas pesquisas. Seja como for, a maior parte dos muçulmanos na França, quando questionados, afirma que os muçulmanos desejam ser aceitos como membros completos da nação. E certamente eles não diriam isso caso aceitassem a exigência islâmica de que a sua identidade islâmica é tudo o que lhes deveria importar? É implausível sugerir que todos aqueles que respondem dessa forma se entreguem à *taqqiyah*, a forma religiosamente permitida de dissimulação, particularmente endossada pelos muçulmanos xiitas em tempos e lugares em que eram perseguidos, a fim de alcançar objetivos religiosos.

Um processo de ocidentalização já se encontra, de fato, em estágio bastante avançado entre os muçulmanos europeus, como também em outros lugares. Isso se torna evidente quando se investiga os *websites* islâmicos de casamento, por exemplo. Os homens aparecem em vestimentas ocidentais, assim como a maior parte das mulheres. O que é notável em relação a esses *websites* para muçulmanos britânicos é o fato de todos os homens parecerem especialmente americanos, geralmente vestidos com camisetas e usando bonés. Além do mais, a linguagem por meio da qual descrevem a si mesmos é americanizada, e não o inglês britânico. São todos fluentes em besteirol autopromocional, essa peculiar linguagem que confere às pessoas a capacidade de falar de si mesmas durante bom tempo, sem, contudo, revelar nada de concreto, um sintoma de auto-obsessão desacompanhado de autorreflexão. O relato a seguir é de um jovem que se apresenta dizendo "Salaamz a todos!", uma expressão impregnada de mistura cultural que pode causar completa confusão. Esse jovem procura uma esposa muçulmana:

> Sou um sujeito descontraído e relaxado. Sou bastante sarcástico e tenho grande senso de humor. Às vezes sou uma criança, mas sei quando tenho de ser sério. Acredito que temos nossos altos e baixos, mas devemos tentar ver o melhor nas pessoas [...] Gosto de pegar o carro e sair [...] Acompanhar as mudanças do mundo. Gosto de comer fora, de pegar um cinema, de boliche, sinuca, críquete.

Instigados a descrever o nível de sua crença religiosa, todos os inscritos no *site* de casamento dizem que são "de alguma forma" religiosos, o que sugere – ao menos a mim – um nível de comprometimento um tanto ou quanto aquém do fanatismo. O jovem mencionado diz a seu respeito que "Estou longe de me considerar um perfeito muçulmano, mas posso dizer que sou[4] um bom ser humano". Ele diz que se esforça para rezar, o que traduzo como uma dificuldade perante a qual ele raramente tem êxito, e que está "tentando se tornar um cinco ao dia" (pessoa que reza cinco vezes ao dia). Por experiência própria, pessoas que dizem que estão "tentando" fazer algo ou se livrar de algo, como de um mau hábito, de um temperamento difícil, de levar uma vida saudável, de comer menos, de ser menos preguiçosas, de largar o cigarro, e assim por diante, raramente chegam a lugar algum, porque o coração delas não está envolvido. Portanto não creio que esse homem consiga se tornar um muçulmano profundamente comprometido, pelo menos no futuro próximo, e não acredito que ele sequer espere tal coisa de si mesmo. Ele reitera que há muito espaço

[4] No caso, o jovem escreveu '*but can say* im', sem parte da grafia e em letra minúscula, abreviando 'I am' por 'im', típico erro de ortografia nas gerações do telefone celular. (N. T.)

para melhoramentos em sua observância, mas diz que "tenho um bom coração, e minhas intenções são boas", aceitando desse modo a visão moderna, de forma alguma exclusiva dos muçulmanos, de que, em termos morais, as intenções superam tanto as ações quanto os efeitos (caso ele não acreditasse, e pensasse que os outros não acreditassem nisso, ele não mencionaria uma característica cuja expressão visa claramente impressionar e não afastar, uma forma de lisonja pessoal disfarçada de modéstia).

Muçulmanas que adoram se divertir

Talvez aquilo que as mulheres escrevem seja ainda mais surpreendente, em vista da posição que elas frequentemente ocupam nas sociedades islâmicas. Podemos ver, a seguir, o que uma mulher, em trajes ocidentais e numa foto em que ela aparece sem o véu (e não é um caso atípico no *site*), diz a respeito de si:

> Oi, gente, sou uma mulher que gosta de se divertir, tenho os pés no chão e não julgo as pessoas.

A ideia de que uma indisposição para julgar as pessoas seja um sinal de eleição moral e, portanto, uma qualidade altamente atraente é certamente um atributo muito mais compatível com o secularismo na forma como este se desenvolveu no mundo ocidental nas últimas duas ou três décadas do que um atributo ou uma derivação do Islã, especialmente em seu modo fundamentalista.[5] Tenhamos em mente que essa mulher espera encontrar um marido por meio da descrição que apresenta de si mesma, o qual, ela supõe, compartilhará de sua visão autocongratulatória (um tanto ou quanto rasa, diga-se de passagem) sobre o papel apropriado ao julgamento dos outros na vida humana. Em outras palavras, ela supõe que essa visão sobre o papel do julgamento – quer dizer, um papel nulo – seja estimada por muitos outros. E alguém poderá observar de passagem que

---

[5] Não sou nenhum especialista, mas, que me conste, os fundamentalistas muçulmanos não têm grandes dificuldades para julgar as pessoas.

um "gosta de se divertir" dificilmente seria uma característica óbvia entre islâmicos fundamentalistas, embora, sem dúvida, deva existir certa satisfação amarga ao se contemplar a insondável depravação de todos aqueles que não se submetem às restrições impostas sem questionar.

Essa mulher que adora se divertir prossegue dizendo "estou procurando um companheiro com quem eu possa construir uma vida". O que é notável no caso é o seguinte: como qualquer pessoa educada ou semieducada de classe média cuja intenção seja mostrar a modernidade de seus pontos de vista e seu esclarecimento, em comparação com o obscurantismo do passado, ela, de forma tenaz, evita usar o termo "marido", com todas as suas supostas conotações de subordinação e obediência, e dá preferência ao politicamente correto, e profundamente secular, "companheiro". Um companheiro é um semelhante, um acionista com 50% das ações, ou seja, uma visão de casamento completamente irreligiosa.

Comparados às pessoas que aparecem nos *websites* para cristãos evangélicos, os muçulmanos dos *websites* islâmicos estão muito menos preocupados com sua religião, embora, certamente, todos os cristãos, como acontece com os muçulmanos, também tenham um ótimo senso de humor. Será que alguém se anunciaria como mal-humorado? Isso, de fato, seria engraçado. Essa religiosidade superior dos cristãos em comparação com a dos muçulmanos talvez não seja tão surpreendente assim. Afinal de contas, eles escolheram ser religiosos numa sociedade que é altamente irreligiosa e que tende a ser condescendente, pelo menos em sua porção intelectual, com a religião. Por outro lado, os muçulmanos, embora sejam, *de facto*, muitíssimo secularizados, emergem de uma sociedade na qual ser total e abertamente irreligioso é quase impensável. Esse foi o gênio do Islã, que, desde cedo, encontrou uma forma de prender as pessoas a ele, de uma vez por todas, de nunca as deixarem ir, uma vez que aderissem. É de longe a mais resistente das ideologias político-religiosas já concebidas. Mesmo nos lugares onde a penalidade decorrente de uma explícita apostasia não seja a morte, as penas sociais aplicadas aos apóstatas, como o ostracismo, são suficientemente fortes, de modo que apenas os fanáticos da verdade abstrata estão dispostos a sofrê-las. Em todos os lugares, a grande maioria das pessoas não está disposta a arriscar muita coisa em nome de princípios filosóficos. Isso significa que uma aderência externa subsistirá, mesmo entre aqueles muçulmanos bem-humorados e amantes da diversão, os quais nunca comprarão a briga de expor o seu ceticismo ou a sua descrença incipientes. Por que se preocupar quando a alternativa é uma vida fácil, vivida em alta estima perante os outros? Hipocrisia e dissimulação mantêm fortes os sistemas sociais; é a honestidade intelectual que os destrói.

Fundamentalmente equivocado

A ideia de que as populações muçulmanas da Europa estão em ebulição por causa do fanatismo ou do fundamentalismo religioso me parece bastante equivocada.[6] Isso não é necessariamente reconfortante, embora de início possa assim parecer. Em primeiro lugar, existem fórmulas islâmicas que sem dúvida nenhuma alegam fornecer todas as respostas aos pequenos problemas da vida, e alguns adolescentes descontentes e inteligentes anseiam precisamente por esse tipo de charlatanismo fanático, a fim de resolver e superar sua angústia adolescente, ou *Weltschmerz*. Em segundo lugar, em uma atmosfera na qual o Islã não pode ser repudiado *in toto* por medo das consequências sociais, mesmo quando representado de modo sutil e hipócrita, as pessoas não podem facilmente repudiar os fanáticos, dos quais uma das alegações é a de que eles sempre são mais islâmicos que os outros. Aliás, essa alegação é a que mais proporciona negligência nas observâncias entre a maioria dos muçulmanos. Suspeito que de fato não seja muito difícil ser mais islâmico do que o

[6] Mesmo as pesquisas que mostram que 40% dos jovens muçulmanos britânicos alegam querer viver sob o regime da xaria não me preocupam muito. Seria importante questioná-los para que descrevessem aquelas provisões da lei da aria que eles gostariam de ver instituídas. Acho que as respostas seriam vagas. Certamente, eles não fazem nenhum esforço para emigrar para países nos quais a aria foi incorporada à lei da Terra. Os atrativos do Ocidente são por demais fortes para que façam isso.

jovem acima citado. Portanto, na ausência de uma total e reconhecida rejeição ao Islã, em termos de que este se basearia em coisas que são manifestas inverdades, mesmo um jovem que adora se divertir e jogar críquete com seu singular senso de humor, o qual se esquece de rezar dezenove vezes em vinte, demonstrará respeito ou afeição pelos fanáticos e fundamentalistas, mesmo que ele não participe das atividades deles. Além do mais, a libertinagem à qual os jovens muçulmanos costumam se entregar na Grã-Bretanha (sinal certeiro de sua aculturação parcial) às vezes leva a uma conversão súbita ao rigor religioso. Quando se estuda a história dos fanáticos religiosos islâmicos no Ocidente, percebe-se que eles com frequência passaram por um período de depravação, como de fato aconteceu com os puritanos cristãos. A vida deles é um daqueles estranhos diagramas ou quadros concebidos por psicólogos que podem ser vistos como duas bruxas olhando uma para o outra, ou dois candelabros, mas não ao mesmo tempo. Para essas pessoas, a vida ou é uma total autoentrega ou uma total negação. O conceito de *l'homme moyen sensuel* é completamente estranho a elas, porque não lhes dá a certeza intelectual que estão procurando, sempre a solicitar a ação do julgamento, que é precisamente a qualidade da qual não dispõem.

De modo que, embora o número de fanáticos seja baixo e que talvez se mantenha assim, o solo é fértil para seu crescimento e sustento; e algumas centenas de fanáticos (afinal de contas, um número pequeno) são capazes de gerar bastante caos e de causar um bocado de mortes. Seria muito melhor, sem dúvida, se simplesmente não houvesse fanáticos, mas, embora se mostrem um terrível incômodo, é pouco provável que eles se apresentem como uma séria ameaça às sociedades europeias, a não ser que essas sociedades permitam.[7] Intimidações terroristas já ameaçaram muitas

[7] De fato, o arcebispo de Cantuária, que – diferentemente do papa Bento XVI – toma covardia por bravura, rendição por vitória, e platitudes por *insights*, representa um perigo muito maior para a Grã-Bretanha do que o fundamentalismo islâmico, por si só, jamais poderia representar. É claro, ele é a fina flor, caso eu possa colocar dessa forma, de toda uma tendência social e intelectual. Outro perigo para a sociedade britânica é o uso da ameaça do terrorismo islâmico pelo

outras vezes a Europa, e não existe motivo para supor que essa, de tão formidável, seja insuperável.

Há pouco tempo, enquanto caminhava pelo centro de Birmingham, outrora um polo industrial britânico que hoje abriga grande população muçulmana, a maioria de origem paquistanesa, testemunhei o comportamento de um grupo de cerca de dez rapazes muçulmanos que passavam pela rua. Eles estavam vestidos na indigente moda internacional dos guetos americanos; imitando a predominante cultura local – uso o termo no estrito sentido antropológico, todos os artefatos, desconsiderando o seu valor, como manifestações culturais –, vários deles estavam tatuados, embora a cor da pele deles fosse singularmente inadequada para a exibição desse ornamento selvagem e estúpido. Alguns ostentavam próteses de ouro nos dentes da frente, sinal infalível na dentição dos gângsteres. Eles andavam com aquela pose ameaçadora de jovens que imaginam que ser temido equivale a ser respeitado. Um deles portava um aparato que fornecia música *rap*, compulsoriamente, aos transeuntes; e a conversa entre eles, caso uma série de breves e truncados comentários histriônicos possa ser chamada de conversa, era de tal forma banhada pelo termo "*fuck*", e seus

---

governo a fim de intensificar seu aparato de vigilância em outras direções, e para propósitos diferentes daquele para erradicar esses grupos terroristas. Quando um dos líderes da oposição do Partido Conservador foi preso e interrogado durante nove horas pela polícia, e suas cartas de amor para sua esposa foram lidas por aqueles conhecedores de literatura erótica, a polícia metropolitana, a justificativa para tamanho ultraje foi uma lei antiterror. Se os policiais realmente achassem que esse político da oposição – um membro do Parlamento – fosse uma ameaça terrorista, eles deveriam ter sido dispensados de imediato do trabalho e enviados de maneira compulsória para um hospital psiquiátrico. Portanto não foi ele, mas a polícia, que semeou o medo; e uma vez que é intrinsecamente improvável que policiais comecem a prender políticos seniores num país como a Grã-Bretanha, sem a conivência ou o suporte de outros políticos graúdos, chega-se à inevitável conclusão de que aqueles políticos que foram coniventes com a prisão de seu colega visavam semear o medo no coração daqueles que se opõem a eles. Aliás, não por coincidência, o político que foi preso havia revelado evidências perturbadoras de mentiras no governo.

muitos derivativos, que as outras palavras não eram audíveis, ao menos para mim.[8] Além do mais, o comportamento desses rapazes – exibido e agressivo – era visivelmente intimidatório: não ouse nos pedir que fiquemos quietos e nos comportemos!

Seja lá o que mais possa ser dito a respeito dessa cena tão charmosa, suas raízes não eram islâmicas, mas, em vez disso, estavam fincadas na subcultura das favelas, que muito poucos hoje em dia ousam criticar com medo de serem tachados de elitistas ou reacionários pelos membros da elite, ou, talvez, apenas por motivos eleitorais. Porém, de qualquer forma, por motivos que indicam com clareza suficiente toda uma covardia moral.

Se as raízes do comportamento público desses rapazes que descrevi não são islâmicas, e parece de modo intrínseco improvável que sejam derivadas de qualquer tradição religiosa, isso não significa dizer que esses jovens sejam culturalmente indiscerníveis de outros na sociedade como um todo. Talvez sejam aculturados nos piores aspectos da moderna vida urbana britânica, portanto permanecem não integrados. Eles retêm uma especificidade que é islâmica, ou ao menos de uma cultura que é profundamente marcada pelo Islã.

Grupos como esse que vi no centro de Birmingham nunca são racialmente misturados. É muito raro que incluam mulheres, e quando permitem, elas não se vestem no padrão do gueto americano, mas em geral de preto, e ao menos com um cachecol, a fim de preservar a dignidade. A degeneração é para os homens, não para as mulheres.

Os típicos jovens que formam esses grupos não são religiosos convictos. Quando terminam na prisão, o que ocorre com frequência cada vez maior,[9] eles não expressam nenhum interesse pelas visitas dos imãs, não

---

[8] É curioso, mas os jovens muçulmanos de Birmingham, diferentemente dos de outras cidades britânicas, desenvolveram um sotaque próprio, o qual se relaciona com o sotaque local, embora bastante distinto. Apesar de eu compreender que *de gustibus non est disputandum*, e toda essa conversa, o fato é que ele é horrendo e não tem as vantagens compensatórias da expressividade inventiva.

[9] Jovens muçulmanos do sexo masculino estão quatro vezes mais presentes nos presídios britânicos em proporção ao seu número entre a população geral.

rezam cinco vezes ao dia, nem mesmo uma, e não observam o Ramadã, exceto quando precisam comparecer perante o tribunal, onde a suposta fraqueza induzida pelo jejum diário é apresentada como pretexto para um adiamento, e eles nem sequer pedem comida *halal*.[10] O comportamento geral desses jovens não é o que se esperaria de muçulmanos religiosos, e "gravidade" seria a última palavra que alguém usaria para descrevê-los.

No entanto esses jovens mostram-se extremamente ansiosos por preservar aquilo que chamam de honra de suas mulheres, em particular de suas irmãs, cuja "honra" eles protegerão com facões e mesmo, caso seja necessário, com assassinatos, incluindo o de suas próprias irmãs. Ao fazerem isso, eles recorrem a justificativas e sanções supostamente religiosas para aquilo que na realidade significa uma grosseira dominação sobre as mulheres.

A questão da mulher

Antes de prosseguir, deixem-me acrescentar que não estou alegando que o tratamento que recebem as mulheres em outros grupos seja

É bastante improvável que isso seja consequência do racismo, uma vez que hindus e *sikhs* estão proporcionalmente em menor número nesses mesmos presídios. Na França, mais de 60% dos detentos são muçulmanos. Isso não é tão grave quanto podemos supor, porque (como às vezes é alegado) um quarto de todos os jovens franceses dentro da faixa etária mais propensa a ser encarcerada é composto de muçulmanos. Deve-se ter em mente que o índice francês de detenção é um pouco menor que o da Grã-Bretanha. Outro fato interessante, que também se contrapõe à alegação de que o racismo é determinante no destino de uma pessoa na Grã-Bretanha, é que, enquanto a taxa de desemprego entre os jovens muçulmanos é consideravelmente mais alta que a média nacional, a de hindus e *sikhs* é um pouco mais baixa. Claro, o papel do Islã na produção desse resultado não é simples e direto. Por exemplo, muçulmanos e hindus podem ter emergido de diferentes classes sociais, em primeiro lugar. Mas a menos que os muçulmanos sejam (indevidamente) concebidos como uma raça distinta, o racismo não pode ser a explicação.

[10] O mesmo vale para os presídios franceses. Ver *L'islam dans les Prisons*, Farhad Khosrokhavar, Balland, Paris, 2004.

sempre impecável, longe disso. Como a estrutura formal das relações entre homens e mulheres foi quebrada (falo em particular da Grã-Bretanha), consequência da crença utópica há muito anunciada pelos intelectuais de que se as relações entre os sexos poderiam ser calcadas numa base "natural", em vez de numa base convencional, isto é, apenas de acordo com uma afeição mútua, em vez de se basear em contrato, pressão social, obrigações mútuas, senso de dever, etc., então – e somente então – floresceria a plena beleza da personalidade humana, assim como o pleno desfrute da sexualidade humana. Infelizmente, no transcorrer dessa nova linha, houve grande aumento na promiscuidade, ao passo que o desejo pela exclusiva possessão sexual do parceiro não foi alterado, o que levou, de modo inevitável, a um recrudescimento dos ataques de ciúme, o qual, igualmente lamentável, é o mais poderoso instigador da violência entre os sexos. Isso também instiga a violência entre os rapazes, em especial entre aqueles cujo *status* social depende da posse de uma mulher (ou de algumas mulheres), uma vez que o *status* desses rapazes é, em todos os outros sentidos, muito baixo, pois suas realizações e perspectivas econômicas são muito baixas. Um homem considerado predador em termos de sexo num ambiente sexualmente predador torna-se de forma natural inclinado a acreditar que ele ou o seu "parceiro" está sendo rapinado, e que, portanto, ele é feito de trouxa e insultado. O casamento pode ter acabado,[11] mas o medo de ser traído está mais forte do que nunca.

[11] Quarenta e dois por cento dos nascimentos na Grã-Bretanha (e esse índice vem subindo) provêm do que costumava ser chamado de relações extraconjugais, e embora um quarto dos casamentos termine dentro de dez anos, o que faz que as crianças tenham de lidar com o divórcio da melhor forma possível, o número de rompimentos em relacionamentos não conjugais é consideravelmente mais alto. Estatísticas atestam, de maneira sólida, que padrastos e madrastas estão associados com o abuso de crianças, tanto física quanto sexualmente, e apesar de se poder defender que esse tipo de relacionamento talvez não seja a causa determinante, já que associações estatísticas podem surgir por motivos outros, o fato de padrastos e madrastas cruéis ser um antigo tema da literatura universal sugere que esse tipo de paternidade ou maternidade de fato resulta em abusos que poderiam, em outras circunstâncias, ser evitados. Na área em que trabalhei

Todavia existe uma diferença entre a forma islâmica e a não islâmica de maus-tratos às mulheres. A última é puramente egoística, ao passo que a primeira, embora egoística em sua origem, justifica-se dentro do espectro de uma moralidade religiosa mais ampla. Deixo aos filósofos o trabalho de decidir qual das duas é pior do ponto de vista da filosofia moral; contento-me no momento em destacar a diferença.

Existem duas outras linhas de evidência em relação à participação desses rapazes no Islã, ou no pseudoislã. A primeira é que eles participam alegremente da decadência em massa vista em todos os lugares na Grã-Bretanha nos fins de semana, embora excluam, de forma rígida, a participação de suas irmãs. Portanto eles não revelam nenhuma objeção baseada em princípios contra essa vulgarização em massa enquanto tal. Eles consideram as jovens brancas da Grã-Bretanha, não sem bons motivos, vadias vulgares,[12] e em geral de forma aberta e em público as chamam de vadias,

---

como médico na Grã-Bretanha, perguntar a um jovem ou a uma jovem quem era o seu pai tornou-se indelicado, uma vez que implicaria um julgamento moral desfavorável. Não fosse pela presença de imigrantes indianos e de seus descendentes, o índice de ilegitimidade nessa área seria de praticamente 100%. Quando perguntei a uma garota adolescente quem era o seu pai, ela me respondeu: "Você quer dizer o meu pai no momento?". Eu já fui chamado de "papai" por mais de uma criança, talvez porque a criança pensasse que todos os homens eram seus pais em potencial. Isso parecia adotar o princípio do "é preciso uma aldeia inteira" ao extremo.

Além do mais, é estranho que homossexuais insistam no direito ao casamento justo no momento em que o prestígio do casamento como instituição está tão em baixa aos olhos da população em geral. Da mesma forma, é estranho que tanto esforço tecnológico (e brilhantismo) seja orientado para auxiliar a fertilidade dos inférteis no exato momento em que as mulheres estão mais relutantes em ter filhos do que em qualquer outra época da história (com a possível exceção dos índios do México e do Peru depois da conquista espanhola). Suponho que uma voluntariedade geral, uma recusa em aceitar o destino, mesmo no grau mais baixo, e um desejo correspondente de moldar a vida segundo os próprios caprichos unificam esses fenômenos.

[12] Uma garota de dezesseis anos me disse: "Minha mãe me chama de vagabunda, mas sou boa no que faço".

ex officio, por assim dizer, quando elas se aventuram nas áreas predominantemente muçulmanas da cidade, e mantêm uma ou mais delas num estado de desprezível concubinato, depois de estarem casados com uma garota tida por seus pais como adequada.

A segunda linha de evidência surge da diferente resposta que dão os rapazes, comparando-os às moças muçulmanas, aos casamentos que lhes são arranjados pelos pais, e forçados a eles como se não tivessem vontade própria. Como médico, testemunhei ao longo dos anos dezenas, talvez mesmo centenas, de moças que haviam tentado suicídio por causa desses casamentos forçados; no mesmo período, vi apenas um rapaz ter reação semelhante.

O rapaz ou a moça são levados de volta para a "casa" de onde seus pais emigraram; lá chegando são informados de que ele ou ela se casará com um primo ou uma prima de primeiro grau, às vezes sem nenhuma instrução formal e raramente fluente em inglês. Todos eles sabem de casos nos quais contrariar o desejo dos pais terminou em aprisionamento, violência e mesmo morte, e esses casos atuam como um lembrete, semelhante à execução do almirante John Byng segundo Voltaire: *pour encourager les autres.*[13] Mas o que parece ser tolerável e até desejável para os rapazes torna-se intolerável e repugnante para as moças. Os motivos são óbvios, pois os rapazes ganham uma escrava doméstica e uma serva sexual, enquanto ficam livres para levar uma vida ocidental fora de casa; as moças, por outro lado, tornam-se justamente a escrava doméstica e a serva sexual de um homem que talvez lhes pareça um camponês rústico, cujo mero toque lhes causa calafrios.[14]

---

[13] A referência é a sátira que faz Voltaire em seu livro *Cândido* no tocante à execução do almirante britânico John Byng por ter fracassado "no cumprimento do dever" e perdido Minorca para os franceses, em 1756. No romance de Voltaire, o personagem Cândido, ao testemunhar a execução de um almirante, ouve "*dans ce pays-ci, il est bon de tuer dans temps en temps un amiral pour encourager les autres*" ["neste país é bom matar de vez em quando um almirante para encorajar os outros"]. (N.T.)

[14] O alto índice de casamentos consanguíneos gera, sem dúvida, alto índice de doenças genéticas, as quais em outras circunstâncias seriam raras e até

A importância da dominação masculina sobre as mulheres a fim de manter um sentimento vagamente islâmico entre os rapazes (a mim parece haver muito pouco de religião a respeito disso) pode ser ilustrada por meio da seguinte anedota, ocorrida no presídio no qual trabalhei. Um rapaz muçulmano, encarcerado por um delito relativamente leve, veio até mim se queixando de dores abdominais, mas logo ficou claro que algo mais grave o incomodava. Eu lhe perguntei o que era, e não demorou muito para ele me dizer.

Não muito antes disso, ele fora testemunha num julgamento de homicídio. Dois homens, o pai e o irmão da vítima, haviam matado uma moça porque ela se recusara a aceitar o casamento que lhe fora arranjado; eles a assassinaram para preservar a "honra" da família. O pai e o irmão da moça foram considerados culpados e justamente sentenciados. O jovem detento que se queixara de dores abdominais sofria agora a ameaça de outros detentos muçulmanos, incluindo aqueles que não estavam relacionados à família da vítima, por suposta traição. Eles deixaram claro que o fariam pagar pelo que fizera, e ele temia por sua vida. Imediatamente providenciei que ele fosse transferido para outro presídio.

O sentimento em relação a ele não era o que os detentos têm quando estão contra informantes em geral. Os detentos estabelecem uma fronteira em casos de assassinato e geralmente não acobertam assassinos, exceto por temor. Nesse caso, o problema era outro; o testemunho desse jovem rapaz

recentemente um assunto tabu tanto na imprensa médica quanto na imprensa como um todo. Observei também uma curiosa síndrome, se é que um mero padrão comportamental possa ser chamado de síndrome, cuja manifestação desqualifica bastante a natureza humana. Não era comum, mas decididamente ocorria. O marido do casamento forçado chegava à Grã-Bretanha com um visto temporário. No primeiro ano, segundo as regulamentações, a esposa poderia se opor à presença dele no país, e neste caso ele teria de voltar ao Paquistão. Todavia, depois de um ano de bom comportamento, esse sujeito adquiria o direito de estada e recebia um visto permanente. Exatamente no dia seguinte ao recebimento de seu visto permanente iniciavam-se as violências domésticas, talvez pioradas pelo desejo de vingança motivado pelas humilhações que ela o obrigara a passar, ao recusar-se a ter sexo por um ano.

no tribunal foi considerado uma traição na medida em que ameaçava todo o sistema de relações entre homens e mulheres, um sistema altamente conveniente a rapazes com perfil criminoso, ao mesmo tempo que é angustiante para as moças.[15]

Outra anedota, que me foi contada pelo diretor de uma escola de medicina, ilustra o mecanismo de dominação masculina sobre as mulheres que os muçulmanos na Grã-Bretanha (e também na França e na Holanda) querem preservar, e que, do meu ponto de vista, reforça o desejo que eles têm de manter preservada a sua exclusiva identidade *quasi*-religiosa. A história é a seguinte: subitamente, um grupo de quatro estudantes de medicina muçulmanas começou a frequentar as enfermarias e os ambulatórios vestidas de *niqab*, aquela indumentária em forma de tenda que deixa só uma fresta para os olhos. Isso pôs em estado de alerta os dirigentes da escola de medicina, pois mostrava, sem dúvida, um claro sinal de completa falta de confiança – pessoal ou cultural –, ao se sentirem incapazes, com base apenas em sua autoridade pessoal, de proibir a adoção desse traje pelas alunas, porque, se o fizessem, esses dirigentes ficariam expostos aos ataques da mais temida de todas as acusações: discriminação.

Felizmente, as autoridades foram capazes de encontrar uma regulamentação de 1857, muito anterior a qualquer questão sobre o *niqab* nas

---

[15] Seria de esperar que as feministas exercessem sua militância em oposição a esse sistema, o qual leva, em muitos casos, a uma miséria maior que qualquer outra que eu tenha testemunhado, descontando-se as catástrofes geradas pelas guerras civis, mas não foi isso que se viu. Em vez disso, nem um pio jamais saiu da boca dessas mulheres. Sem dúvida, existem três razões para a existência daquilo que Sherlock Holmes teria certamente chamado de "as feministas que não protestaram". A primeira é covardia física; a segunda, covardia moral, no sentido de que teriam de enfrentar acusações de racismo, entre outras coisas, caso protestassem; a terceira é que precisariam desistir do multiculturalismo, o qual, como opositoras radicais de tudo que evoque a tradição, elas também endossam. Uma honrável exceção às minhas colocações foi concedida pela articulista liberal Polly Toynbee, com a qual em geral não concordo, para ser bem educado; mas ela teve ao menos a honestidade de reconhecer a contradição entre feminismo e multiculturalismo, e escolheu defender o primeiro em detrimento do último.

escolas de medicina britânicas, a qual requeria que qualquer médico, ou médico em treinamento, mostrasse sua face para o paciente que estivesse examinando (de fato, uma exigência absolutamente sensata). Portanto o diretor pôde então informar àquelas estudantes que elas teriam de tirar seus *niqabs*; caso contrário, precisariam deixar a escola de medicina. Elas acataram de imediato a decisão da direção e, curiosamente, visitaram o diretor algumas semanas mais tarde e relataram-lhe que não gostavam de usar aquilo. Essas jovens estudantes haviam sido intimidadas e chantageadas para que adotassem o *niqab* pelos estudantes fundamentalistas – os homens –, os quais, sem dúvida, vestiam-se como ocidentais.

Mas como, é o caso de perguntar, essas jovens estudantes puderam ser tão facilmente chantageadas? A resposta é que os alunos de medicina muçulmanos informaram aos pais das moças, suas colegas (liberais no contexto), que suas filhas se comportavam de forma promíscua. Isso teria sido suficiente para que esses pais as retirassem da escola. Não é preciso dizer que o mesmo argumento jamais seria suficiente para persuadir os mesmos pais muçulmanos para que retirassem os seus filhos homens da escola de medicina. Tampouco, obviamente, esses alunos chantageadores acreditavam com sinceridade que o *niqab* fosse uma imposição religiosa; caso acreditassem, afinal de contas, eles teriam insistido em que as moças deixassem a escola de medicina. Como um todo, o episódio foi típica demonstração de dominação masculina.

Pode ser dito, claro, que essa dominação não é exclusiva – tanto do ponto de vista histórico como do antropológico – das sociedades islâmicas, e sem dúvida essa afirmação é verdadeira. Mesmo os casamentos forçados não são exclusivos do Islã: o pai Capuleto em *Romeu e Julieta* tenta impor a sua filha, Julieta, um casamento não desejado, ameaça repudiá-la completamente e para sempre caso ela não se dobre aos seus desejos. O tema do casamento forçado também surge em *Sonho de Uma Noite de Verão*, de modo que o conceito dificilmente teria soado estranho ao público elisabetano. A lista legal de proibições às quais as mulheres no Ocidente estiveram sujeitas no passado, e por vezes num passado recente, seria bem longa, e nos esqueceríamos de nossa própria história caso supuséssemos que o atual estado de igualdade entre os sexos é uma realidade perene ou imemorial.

Vive la différance

Não obstante, sem dúvida existe algo particular às sociedades islâmicas (ao menos até que tentem se secularizar) no quesito da radical desigualdade entre os sexos, uma marca profundamente distinta daquilo que temos nas sociedades do Ocidente, à medida que se desenvolveram. Se as sociedades ocidentais e islâmicas foram ou não sempre diferentes em sua atitude para com as mulheres foge ao caso aqui tratado; vale dizer que elas são, hoje, muito diferentes entre si. Com certeza não é uma coincidência que 87% dos convertidos europeus ao Islã sejam compostos de homens. Não tenho os números dos convertidos ao cristianismo, ou dos cristãos "renascidos", mas ficaria muito surpreso se os números fossem os mesmos. E, desconsiderando-se quão precisa ou imprecisa possa ser a última afirmação, o que não se coloca em dúvida é que a natureza do argumento ou da discussão dentro do Islã sobre a necessidade ou mera conveniência de usar o *niqab* nos leva, por completo, a um modelo de pensamento pré-iluminista, e de fato anterior à Reforma. Temos aqui uma argumentação um tanto ou quanto intocada pelo espírito do famoso lema da Sociedade Real (uma das mais antigas sociedades científicas no mundo, e talvez com a história mais distinta): *Nullius in verba*, não se contente com a palavra – quer dizer a autoridade – de ninguém. Doravante, a evidência tornar-se-á a autoridade suprema. Por outro lado, todo o assunto que envolve o uso do *niqab*, assim como em quaisquer outras questões sobre o que seria "correto" segundo a lei, o costume e o comportamento islâmicos, refere-se a se submeter à palavra de alguém. Todo o argumento deriva de uma autoridade inquestionável, a qual é adorada com toda a devoção que um fetichista consagra a seu fetiche; tudo gira em torno da suposta interpretação correta dos textos, que têm mais de mil anos, seja o próprio Corão, sejam as coleções dos supostamente autênticos Hadiths. Se as mulheres devem ou não vestir o *niqab* é uma questão sobre a qual o último milênio de desenvolvimento humano não pode, mesmo em princípio, derramar qualquer luz, tampouco pode ajudar a evidência derivada de qualquer coisa que não seja a referência interna dos textos fetichistas. Aqui, temos um exemplo típico do método de argumentação que nos círculos religiosos muçulmanos é tido como adequado não somente para o estabelecimento dessa questão mas para o estabelecimento de todas as questões (o autor não acha que o uso do *niqab* seja religiosamente exigido, mas que é, no entanto, religiosamente meritório usá-lo):

> Mesmo depois que a Surah *an-Nur ayah* 31 fora revelada, as mulheres muçulmanas comuns continuaram a vestir o *niqab* com a aprovação do Profeta. Isso foi especificamente mencionado por Umm Khallad (Sunan Abu Dawud livro 14 #2482), Asma bint Abu Bakr (Muwatta livro 20 #20.5.16), e algumas mulheres coraixitas que visitavam o Profeta (Sahih Bukhari livro 54 #515). Também o fato pelo qual o Profeta dissera às mulheres para que não usassem o *niqab* e as luvas no *ihram* (Sahih Bukhari livro 29 #64) significa que o *niqab* e as luvas eram todos bem conhecidos e usados pelas concubinas do Profeta (sahabiyat). Certamente esse formato extra de modéstia recebia a aprovação do Profeta, e é outro motivo pelo qual faz parte das tradições do Profeta.

Claro, é possível encontrar autores que tirem conclusões diferentes dos textos usando diferentes pedacinhos a fim de atingir aquilo que talvez já seja uma conclusão preestabelecida: que o uso do *niqab* é religiosamente compulsório. No entanto, na essência, o método que usam é o mesmo: eles esmiúçam os textos da mesma forma que os sacerdotes pagãos esmiuçavam as entranhas dos frangos em busca de augúrios que indicassem o comportamento adequado. O método dá origem a um considerável refinamento dialético (como deu aos sábios do Talmude e, talvez, aos juristas do direito consuetudinário anglo-americano), mas isso sufoca a originalidade, desperdiça a inteligência humana e é intelectualmente claustrofóbico. Assim como os judeus foram capazes de dar suas notavelmente desproporcionais contribuições à moderna vida intelectual e cultural apenas quando substancialmente livres de seu judaísmo talmúdico (o qual, todavia, os preparou intelectualmente para que fizessem essas contribuições), os muçulmanos não farão muitas contribuições valiosas à vida intelectual ou cultural até que seus membros mais brilhantes dediquem a inteligência a outra coisa que não à exegese de textos supostamente infalíveis. Sem dúvida a libertação é dificultada pelo que aconteceu tanto com o cristianismo quanto com o judaísmo, um desdobramento que os muçulmanos podem enxergar. Fica claro que, uma vez que a inteligência seja direcionada para outra coisa que não a escolástica, a religião deixa de ser uma força viva tão fundamental numa sociedade.[16]

Seja como for, a situação das mulheres muçulmanas na Grã-Bretanha, e em outras partes da Europa, levou a um aparente paradoxo (espero que me perdoem por generalizar, e de uma forma que não pode ser exata para todos os casos), embora esse paradoxo seja apenas aparente. As jovens muçulmanas nessas circunstâncias são superiores, em todos os sentidos, aos seus contemporâneos masculinos, a despeito de suas enormes desvantagens (de novo, fica-se tentado a dizer "por causa de", em vez de "apesar de"). Elas se expressam melhor, parecem ser quase sempre mais inteligentes e, ao contrário dos homens, têm charme de sobra; jovens nascidas e criadas sem nenhum direito, onde só um correspondente senso de *noblesse oblige* poderia tornar a vida tolerável, mas que se encontra completamente ausente nesse caso.

Se eu fosse um empregador, daria clara preferência a essas mulheres para funcionárias, uma vez que para elas o trabalho é uma libertação em vez de ser uma intrusão desafortunada e mesmo injusta a interromper os momentos de divertimento. Elas estão sedentas ou mesmo desesperadas por receber aprendizado; o dinheiro não representa a única e tampouco a principal motivação de seu trabalho.

Outro paradoxo aparente é este: com frequência, e apesar (e outra vez fica-se tentado a dizer "por causa de") do fato de serem ilegalmente afastadas da escola desde os doze anos de idade, confinadas em casa ou em algum rincão do Paquistão, elas se tornam mais bem-educadas, mais letradas e mais ágeis com os números tanto em relação a seus irmãos quanto em relação a suas contemporâneas femininas brancas da classe trabalhadora, as quais receberam pelo menos quatro anos a mais de formação escolar. Isso ocorre porque, por um lado, talvez seus irmãos sintam que já tenham alcançado alguma coisa, talvez tudo aquilo que eles nunca precisem realizar, por terem nascido homens, quando poderia muito bem ter sido o contrário,[17]

[16] Não obstante o cristianismo nominal da maior parte dos americanos.

[17] Como acontece a muitas pessoas que nascem com sorte, elas atribuem sua boa fortuna a uma virtude preexistente; e assim sua boa sorte é então vista como uma devida recompensa ou como algo que elas têm por direito.

ao passo que suas irmãs aprenderam, desde cedo, que a educação é uma das poucas rotas possíveis de salvação pessoal. Além do mais, a própria submissão nelas inculcada em casa é condizente com o aprendizado escolar, até onde ele for possível. Por outro lado, elas permanecem superiores às meninas brancas da classe trabalhadora porque estas habitam um mundo social que não é apenas indiferente, mas também ativamente hostil à educação e ao exercício da inteligência. Para essas meninas brancas, os anos a mais que passam na escola de fato reduzem o somatório de seus conhecimentos, ao mesmo tempo que intensificam a atração que têm pelas patologias sociais.

A situação dessas jovens muçulmanas é genuinamente trágica. Elas já estão influenciadas o suficiente pela cultura ocidental para rejeitar, e de fato para achar detestável, o destino marcado para elas pela cultura de seus ancestrais, destino que suas mães, por desconhecerem qualquer outro, aceitaram de forma automática; no entanto elas não se encontram completamente integradas à sociedade ocidental. Vivem numa espécie de terra de ninguém cultural, e sua situação fica ainda mais difícil pelo fato de seus pais, longe de ser negligentes, como é o caso dos pais de tantas garotas brancas, serem prestativos e ansiosos por fazer para suas filhas aquilo que consideram certo. Elas ficam, então, diante de um trágico dilema: fazer o que os seus pais desejam e viver uma vida que lhes será eternamente repulsiva ou lhes desobedecer e ser marginalizadas, talvez para sempre, por aqueles que lhes deram a vida e pelos quais foram socializadas segundo rígidas e inevitáveis obrigações.

A situação delas não melhora pela atitude (caso a indiferença possa ser propriamente chamada de atitude) de se entregar ao destino determinado pela sociedade da qual seus pais vieram. Já fiz menção ao silêncio das feministas diante do sofrimento dessas jovens islâmicas. Enfurecidas com o uso do masculino para indicar o sentido universal de algumas palavras, essas feministas, não obstante, mantêm um respeitoso silêncio diante da forma como essas jovens muçulmanas são conduzidas para a vida na situação que descrevi. O silêncio permanece mesmo se tratadas como prostitutas pela própria "comunidade", caso desobedeçam aos pais ou abandonem um marido molestador, ou mesmo quando o marido as deixam, por exemplo, por terem dado à luz filhos com problemas congênitos – consequência da consanguinidade –; situação em que ele naturalmente, e por direito aos olhos da comunidade, irá culpá-la.

Indiferença informal, como a das feministas, é uma coisa, talvez; mas uma indiferença oficial é outra coisa. Muitas das minhas jovens pacientes muçulmanas descreveram como foram ilegalmente afastadas da escola pelos pais, sobretudo a partir dos doze anos. Todavia nenhuma delas jamais me descreveu qualquer esforço feito pelos inspetores escolares para reintegrá-las à escola, o que de fato seria a obrigação profissional deles – que processassem os pais que se recusassem a enviar as filhas para a escola, a menos que as estivessem educando formalmente em casa.

Nenhuma criança do sexo masculino jamais foi tirada dessa forma da escola. Esses inspetores escolares não são, é claro, totalmente inativos. Uma ociosidade oficial não é suficiente para explicar sua inatividade no caso das meninas muçulmanas ausentes dos bancos escolares. Lembro-me do caso de um padrasto branco da classe trabalhadora que tentou cometer suicídio em consequência de uma incansável perseguição que sofreu de inspetores escolares, os quais ameaçavam processá-lo porque sua afilhada de quinze anos, que estava completamente fora do seu controle, cabulava aulas de maneira sistemática. Esse homem fizera tudo o que estava ao seu alcance para que a garota frequentasse as aulas; ele mesmo a deixava na escola sempre que ela consentia em ser levada de carro por ele (com certeza ela tinha consciência de que ele não poderia usar força física para levá-la à escola contra a vontade, pois poderia ser acusado de agressão). Apesar do fato óbvio de que mesmo que frequentasse a escola ela nada aprenderia, já que estava determinada a não aprender, e que sem dúvida acabaria por perturbar os procedimentos escolares, o que atrapalharia o aprendizado dos outros, caso houvesse crianças com cabeça para aprender, os inspetores escolares persistiram na perseguição ao padrasto, como se todo o futuro do país dependesse do comparecimento dessa garota às aulas. Isso teria sido um absurdo muito cruel na melhor das circunstâncias; mas há algo pior e profundamente sinistro nesse contraste entre perseguição injustificada e uma total e completa passividade, dos mesmos inspetores, diante de todo um fenômeno social muito mais significativo.

Aqui, parece-me, temos um vislumbre da doença que acomete a Europa.

4. Resumo e conclusões até agora

A Europa mostra claros sinais de declínio demográfico, com algumas das mais baixas taxas de fertilidade já registradas, uma queda que se torna ainda mais extraordinária quando sabemos que esses índices foram gerados sem qualquer intervenção estatal que os tivessem provocado (diferente, por exemplo, da política chinesa de um só filho). São um reflexo dos desejos das pessoas, ao menos nas condições presentes. Mais para a frente, investigaremos no intuito de saber as motivações por trás desses desejos.

Todavia o envelhecimento da população não é necessariamente tão desastroso como por vezes é sugerido. Em geral, as sociedades e a humanidade são muito adaptáveis; novas situações demandam novas soluções. É um erro pensar que uma pessoa se torne um peso morto para a sociedade meramente por ter atingido certa idade.

A imigração na Europa gera medo e desânimo porque os imigrantes ameaçam se apoderar da cultura local e mudá-la ao seu capricho. Sem dúvida, esse risco existe, desde que estejam em número suficiente e que uma resposta pusilânime seja dada pela sociedade oficial; porém isso é improvável. A visão apocalíptica está equivocada por assumir uma uniformidade de opinião e de interesse entre os muçulmanos que na realidade não existe, embora ela possa ser criada, ao menos potencialmente. A causa da falta de coragem é outra questão da qual trataremos.

Claro que é bastante fácil encontrar dogmas que a tornem completamente incompatível com a sociedade livre. Talvez o exemplo mais importante seja a pena de morte aos apóstatas, endossada (creio eu) por todas as quatro maiores escolas sunitas de jurisprudência, embora haja alguma divergência. Estou longe de ser antirreligioso, apesar de pessoalmente eu não seguir nenhuma crença religiosa; mas esse dogma me parece estar bem além do espectro do discurso civilizado no século XXI. No entanto, sem dúvida, ele é eficaz no controle e na supressão da disputa religiosa em países como Afeganistão e Bangladesh, mas nada pode salvá-lo de sua selvageria primitiva.

Contudo, sem dúvida, por mais intolerantes que sejam muitos muçulmanos diante da apostasia, há bem poucos que de fato desejam matar apóstatas, e aqueles poucos que o desejam se tornarão perigosos apenas se permitirmos que sejam perigosos (em outras palavras, o perigo está tanto neles quanto em nós). Por exemplo, se nos mostrarmos sistematicamente intimidados por um punhado de ardilosos mulás, como aconteceu na Dinamarca – de que Maomé e seu legado não podem ser mais ridicularizados, escarnecidos ou racionalmente criticados em público –, e adotarmos leis que protejam esses sensíveis sectários de ter seus sentimentos feridos, teremos só a nós mesmos para culparmos caso as formas religiosas mais extremas e retrógradas triunfem na mente dos jovens e dos impressionáveis.[1]

[1] A resposta do presidente Bush foi particularmente débil e covarde, contradizendo sua reputação de beligerante. De fato, o momento fundador, por assim dizer, da covardia ocidental ocorreu talvez mais de uma década antes, no despertar da *fatwa* do aiatolá Khomeini contra o autor Salman Rushdie por causa de seu livro *Os Versos Satânicos*. Um notável muçulmano britânico, Iqbal Sacraine, depois sagrado cavaleiro por seus serviços à moderação, comentou essa *fatwa* e sua lógica de gângster afirmando que aquilo estaria errado porque "é muito fácil para ele, sua mente precisa ficar atormentada pelo resto da vida, a menos que ele peça perdão para o Todo-Poderoso Alá". Esse não é um ponto de vista que provavelmente deterá muitos assassinos. Outros líderes muçulmanos na Grã-Bretanha (sempre autoproclamados; é uma das forças e fraquezas do Islã, que, não tendo uma hierarquia indiscutível, quem quer que se proclame um líder hoje pode ser cercado

por outro amanhã) disseram que a *fatwa* seria um erro porque interpretava de forma equivocada a lei islâmica, mas nunca por ser contrária à justiça *britânica*, muito menos por ser errado, em si mesmo, pedir a morte de um escritor. No entanto outros, notoriamente, pediram de forma clara a morte de Rushdie em cartazes. O então secretário do conselho das mesquitas de Bradford disse que Rushdie torturara o Islã e merecia ser enforcado. E acrescentou que ele estaria preparado para matar Rushdie com as próprias mãos e sacrificaria deliberadamente a própria vida e a vida de seus filhos para fazer isso. Tampouco ele era uma voz solitária; o vice-presidente disse que uma retribuição contra Rushdie seria justificada, como seria contra qualquer um envolvido na publicação do livro. O intelectual islâmico Dr. Kalim Saddiqui, que queria criar um Estado islâmico dentro do Estado britânico, disse num encontro que "gostaria que cada muçulmano levantasse sua mão para mostrar concordância com a sentença de morte a Salman Rushdie. Deixem que o mundo veja que todo muçulmano concorda que esse homem tem de ser eliminado".

Essas afirmações e declarações foram feitas num contexto no qual a ameaça sobre o autor tornara-se uma possibilidade prática muito séria, e não apenas uma retórica inflamada. Um iraniano explodiu a si mesmo em Londres numa tentativa de matar Salman Rushdie (é de fato uma grande felicidade que os terroristas muçulmanos sejam tão frequentemente incompetentes, embora seja óbvio que nem sempre isso aconteça). Não existe motivo para pensar que as afirmações e declarações acima transcritas foram proferidas de maneira retórica ou metafórica. Além do mais, muitos manifestantes pediram inequivocamente a morte do autor, e não do modo que os teóricos literários pedem. Eles ostentavam cartazes em público em que se lia "Matem Rushdie". Não obstante, nenhum único processo foi aberto contra ninguém, apesar da seguinte provisão da Lei dos Crimes Contra a Pessoa (1861): "Todo aquele que solicitar, encorajar, persuadir ou se empenhar em persuadir ou propor que uma pessoa assassine outra, seja ele ou não um súdito de Sua Majestade, esteja ele ou não nos domínios da rainha, que seja culpado de um delito, e sendo condenado que então se torne passível de [prisão perpétua]".

Ao explicar essa indescritível covardia ao Parlamento, o governo – na ocasião chefiado pela supostamente temível Sra. Thatcher – afirmou que não haveria evidência suficiente para abrir um processo, muito embora o estatuto seja bastante claro e as palavras "Matem Rushdie" não sejam de difícil interpretação. A resposta de um bom número de intelectuais britânicos, dentro de um espectro com tanta facilidade por pessoas cujas armas são primitivas e cujos recursos

— que vai de Hugh Trevor-Roper a Germaine Greer, foi de semelhante grau de covardia. Muitos deles repreenderam, fazendo graça, o caráter supostamente desagradável do autor, como se toda a questão fosse um mero bate-boca entre um casal. Trevor-Roper, por exemplo, disse que não se importaria se alguns islâmicos levassem Rushdie para um beco escuro e ensinassem-lhe a ter bons modos dando-lhe uma surra. Que Trevor-Roper e outros – os quais, afinal de contas, poderiam ter ficado calados sobre o assunto – agiam por pura covardia torna-se evidente por meio do seguinte experimento imaginativo. Suponhamos que um selvagem clérigo fundamentalista cristão sentenciasse a execução de um autor que tivesse sugerido que Cristo era homossexual: alguém acredita que Trevor-Roper e seus companheiros teriam se prontificado a apoiar ou ao menos "compreender" o clérigo? A diferença é certamente esta, e apenas esta: quando clérigos muçulmanos condenam alguém à morte, eles devem ser levados a sério. Se um clérigo cristão condenasse alguém à morte, ele seria escorraçado publicamente, embora pudesse ser ridicularizado em particular, porque, apesar de toda a confusão envolvendo certa indignação moral, ninguém acreditaria que ele realmente quisesse dizer tal coisa.

É verdade que, ao mover ações, não apenas a prática de um crime e a probabilidade de um resultado favorável no tribunal devam ser consideradas, mas também o interesse público de assegurar uma condenação. O governo da época adotou claramente a visão de que não queria problema com a população muçulmana, em particular com a de Bradford, a qual parecia especialmente influenciada por um livro que não lera e que não queria que ninguém lesse. Todos os governos desejam, se possível, evitar distúrbios e promover a coesão social, mas aquilo que o motiva a fazer isso a curto prazo talvez não sirva para o longo prazo. Existem motivos para pensar que, nesse caso, a covardia foi oportuna, mas a coragem teria sido sábia. Ter processado e punido com rigor, mesmo ao custo de certa inconveniência temporária como uma ou duas manifestações turbulentas, teria enviado uma clara e inconfundível mensagem de que a sociedade ocidental estava determinada a defender suas liberdades contra o obscurantismo criminoso (o fato de que, para muitos, Rushdie era uma figura pouco atraente teria apenas fortalecido a mensagem). Em vez disso, em nome de uma noite de paz, o governo escolheu o apaziguamento, com efeitos desastrosos para o mundo inteiro, e sobretudo para a população muçulmana da Grã-Bretanha. A lição tirada foi de que o Ocidente preferia manter seu conforto em detrimento de seus princípios, cujo resultado seria a incapacidade de intelectuais são quase nulos (não como indivíduos, devo ressaltar, mas

—— preservar integralmente ambos. O apaziguamento foi particularmente desastroso para os muçulmanos da Grã-Bretanha, porque demonstrou que aqueles dentre eles que não aprovavam a execução de escritores e semelhantes não poderiam esperar nenhum apoio vigoroso tanto da *intelligentsia* britânica quanto da justiça britânica, e, portanto, não deixava nenhum contrapeso moral ou intelectual aos islâmicos moderados dentro da população muçulmana. A intimidação foi vista como algo que funcionava; mas a intimidação é como a corrupção, segundo a visão do falecido marechal Sese Seko Mobutu (o qual sabia uma ou duas coisas a respeito do assunto); é preciso de dois para que funcione. É uma desgraça que a Sra. Thatcher, que conhecia muita poesia de cor, não tenha deixado que uns poucos versos de Kipling a guiassem nesse assunto: *It is always a temptation to a rich and lazy nation / To puff and look important and to say: / "Though we know we should defeat you, we have not the time to meet you. / We will therefore pay you cash to go away". // And that is called paying the Dane-geld; / But we've proved it again and again, / That if once you have paid him the Dane-geld / You never get rid of the Dane.* [É sempre tentador para uma nação rica e indolente / Dar de ombros e dizer: / "Ainda que devêssemos derrotá-lo, não temos tempo para o confronto. / Faremos o pagamento para que nos deixe em paz". // A isso se chama pagar o *Dane-geld*;* / Mas já foi muitas e muitas vezes provado, / Uma vez pago o *Dane-geld* / Você nunca mais se livrará do *Dane* [do dinamarquês].]
[* A referência ao *Dane-geld*, de início uma taxa paga aos saqueadores *vikings* para que poupassem uma comunidade da devastação, mas que posteriormente se transformou em taxa permanente, é evocativa na história britânica, uma vez que os *vikings*, que não se restringiam aos dinamarqueses mas incluíam também outros agrupamentos escandinavos, devastaram a costa britânica nos séculos VIII, IX e X para, finalmente, instalarem-se como governantes da ilha, formando um breve império escandinavo. O reinado de Canuto, o Grande (955-1035), que se tornou rei da Dinamarca, Inglaterra e Noruega, representou *grosso modo* a conclusão desse processo.]
À luz da política que foi realmente adotada, o último verso não é nada encorajador: *We never pay any one Dane-geld, / No matter how triffling the cost, / For the end of that game is oppression and shame, / And the nation that plays it is lost.* [Nunca se deve pagar o *Dane-geld*, / Mesmo que seu custo seja irrisório, / Pois esse é um jogo que só produz opressão e vergonha, / E a nação que nele se mete se perderá.]
Se o governo britânico tivesse mostrado um pouco de firmeza durante o caso de Salman Rushdie, e se outros países ocidentais tivessem percebido quão vitalmente importante seria para eles a união, creio que talvez (embora não se possa ter

como herdeiros de uma tradição que se encontra exaurida já há muitos séculos)? Esta é uma questão que procurarei responder.

Uma tendência moderna frequentemente imputada à falta de confiança cultural europeia é o relativismo, tanto filosófico quanto cultural. A transmissão daquilo que se herdou, e o ato de se defender contra os perigos, parece requerer uma crença no valor daquilo que deve ser transmitido e defendido; e o relativismo radicalmente solapa essa crença.

---

certeza, uma vez que nenhum contrafactual pode estar certo) o mundo tivesse sido poupado de um bocado de problemas.

Desde então tem havido muitas demonstrações de falta de firmeza. Um exemplo é a odiosa e untuosa saudação americana de Natal de "Boas-Festas", a qual parece ser predominante naquelas partes dos Estados Unidos com alta concentração de intelectuais (um exemplo moderno do famoso *Trahison de Clercs* de Julien Benda). Duvido bastante de que qualquer muçulmano, judeu, budista, hindu, confuciano, parse ou animista já tenha ficado ofendido pela saudação de feliz Natal, e caso o tenha, deveriam lhe dizer que fosse esfriar a cabeça. Compare essa suposta sensibilidade às suscetibilidades de terceiros com o comportamento do corpo de funcionários do restaurante de comida bengalesa administrado e mantido inteiramente por muçulmanos na pequena cidade da Inglaterra onde moro metade do ano, o qual um pouco antes do Natal fez decorações e distribuiu cartões de Natal a todos os seus clientes, desejando-lhes feliz Natal. Embora eu não tenha perguntado, tenho quase certeza de que aquele corpo de funcionários se considerava, no entanto, parte de um grupo de bons muçulmanos. Todavia, não é difícil encontrar *websites* na internet condenando esse tipo de tolerância como contraislâmica; e, por meio de uma curiosa transvalorização de todos os valores, os aiatolás de sensibilidade religiosa e cultural concordariam, por implicação, com eles. (Aliás, no dia seguinte de minha ida ao restaurante em questão, eu conversava com um funcionário muçulmano de meu banco cujas últimas palavras a mim dirigidas enquanto eu partia foram "Tenha um feliz Natal". Eu lhe desejei o mesmo, sem precisar me remoer por dentro.) Não poderia haver nenhuma ilustração mais clara do fato de que os nossos problemas com o Islã têm tanto a ver conosco como com o próprio Islã, o que não significa dizer que não haja problemas com o Islã.

5. O papel do relativismo – moral e epistemológico

Toda a filosofia ocidental, disse o matemático e filósofo Alfred North Whitehead, é formada por notas de rodapé da filosofia de Platão. Em outras palavras, as questões fundamentais sobre a verdade, o conhecimento, a justiça, o bem e o belo já foram todas levantadas por Platão há 2400 anos e nunca foram respondidas desde então – de uma vez por todas, por assim dizer, e de forma inquestionável, para a satisfação de todos. Este é, em si, um poderoso argumento para o relativismo: pois, caso essas questões fossem respondíveis, com certeza até o momento algumas pessoas – entre elas as mentes mais brilhantes de que nossa espécie pode se gabar – já teriam encontrado as respostas. Talvez não seja de todo surpreendente que Whitehead também tenha dito "Não existem verdades por inteiro; todas as verdades são meias verdades". (Se todas as verdades são meias verdades, seria verdade que todas as meias verdades são um quarto das verdades, e assim por diante, *ad infinitum*?)

Afinal de contas, talvez Pôncio Pilatos estivesse certo, ou ao menos não completamente equivocado, quando, ao perguntar o que seria a verdade, não quis esperar uma resposta.

Volte, Descartes, precisamos de você

Há duas origens do relativismo: abstrata e empírica. Se em princípio você não pode fundar ou estabelecer qualquer fato – estético ou de julgamento moral – sobre uma indubitável e metafisicamente correta premissa que todo ser racional possa aceitar sem antes cair em autoevidente contradição, então decorre que todos os fatos e julgamentos se encontram sem fundação segura e, portanto, são vulneráveis à crítica. Na realidade, nenhum julgamento pode ser privilegiado em relação a qualquer outro, ao menos não em meros termos evidenciais. Portanto a escolha entre eles permanecerá arbitrária. Daí se define que aquilo que determina a crença de um homem – tanto faz se isso se refira a um fato ou a um julgamento moral ou estético – nunca poderá ser critério para uma avaliação honesta de evidência contra ou a favor. O que conta é aquilo em que o sujeito quer acreditar; e aquilo em que quer acreditar é, por sua vez, determinado por seus interesses materiais ou psicológicos, conforme for o caso.

Sem dúvida, nenhum homem vive, ou mesmo poderia viver, como se o relativismo epistemológico fosse verdade, ou como se julgamentos morais e estéticos fossem apenas expressões de uma preferência pessoal ou de uma vontade de poder. Não apenas um ceticismo radical como esse é psicologicamente impossível (ninguém seria capaz sequer de preparar um chá, caso adotasse um ceticismo radical em sua vida concreta) como, também, cai mais ou menos na mesma contradição em que se viu o positivismo lógico. O positivismo lógico defendia que, por um lado, ou as afirmações seriam empiricamente verificáveis ou seriam tautológicas (isso quer dizer verdadeiras pela definição dos termos no sujeito e no predicado) ou, por outro, estariam desprovidas de sentido, ou seja, meras baboseiras que podem, ou não, encontrar um formato exprimível em sentenças corretas à luz da gramática, mas que não se referem a nada fora de si mesmas, não sendo inerentemente nem verdadeiras nem falsas. O problema para o positivismo lógico era que sua própria doutrina não era verificável nem empírica nem tautologicamente, portanto sofria do mal que acusava. Desse modo, caso isso fosse verdade, o positivismo lógico também não teria sentido fora de si mesmo e, como consequência, segundo suas próprias proposições, não poderia ser nem verdadeiro nem falso.

É certo que a alegação dos relativistas não é uma bobagem defendida com cautela por pessoas profundamente inseguras consigo mesmas. Os relativistas fazem afirmações que baseiam sua força em sua absoluta verdade. Por exemplo, uma escola de relativistas ressalta o fato de as teorias científicas serem apenas provisórias a fim de negar à ciência um estatuto de conhecimento superior, ou seja, de ser uma justificada e verdadeira crença, ou de alcançar qualquer *status* especial; e alguns vão ainda mais longe, baseando-se no trabalho histórico-filosófico de Thomas Kuhn, que afirmava que os cientistas mudavam suas teorias não segundo as evidências, ou porque as evidências exigiam, mas por uma grande variedade de outras razões: psicológicas, econômicas, institucionais, etc. Sabendo-se que sempre existirá mais do que uma teoria que se destina a dar conta de um fenômeno, a escolha entre elas é arbitrária, uma questão mais de gosto que de verdade. (A posição da Navalha de Occam segundo a qual as teorias têm de ser o mais simples possível na explicação daquilo que se dedicam a explicar é ambígua. Assemelha-se mais à dica de um *chef* de cozinha sobre como cozinhar com eficiência do que a uma regra lógica ou a uma verdade contingente sobre o mundo. Afinal de contas, por que a teoria mais simples deveria ser sempre a melhor? Na medicina, os médicos tentam explicar os sintomas de um paciente ao diagnosticar uma única doença que satisfatoriamente os elucide, mas às vezes os pacientes têm, de fato, mais que uma doença, e isso ocorre independentemente de o diagnóstico simplificado explicar ou não todos os sintomas. A maior parte dos médicos já foi enganada, em algum momento de sua carreira, pela beleza e elegância de sua teoria sobre o que há de errado com um paciente.)

O ataque à ciência

Esse ataque à ciência é importante e significativo para a Europa, uma vez que esta alega (penso que de forma correta) ser o berço da ciência, ou seja, de uma forma de conhecimento cujo questionamento autoconsciente sobre a natureza, por meios experimentais e de um método de observação, leva a um acúmulo de conhecimento do funcionamento dessa natureza. Faz parte da autoimagem europeia saber que foi ela quem introduziu a ciência no mundo e que, portanto, é bastante responsável pelos benefícios materiais que fluem da ciência; desafine-se essa corda e ouçam a discórdia que advém.

Se a ciência, de fato, não difere da adivinhação xamânica em suas fundações intelectuais, então a Europa não contribuiu com nada de substantivo ou de importante para o mundo; do mesmo modo que, se as alegações do Islã não forem verdadeiras, ou seja, se o Corão for, na verdade, uma compilação composta de razões políticas e não representar a palavra de Deus, se o Hadith for historicamente fraudulento, se muitas cerimônias islâmicas forem profundamente pagãs em sua origem, então o Islã em nada contribuiu intelectualmente no mundo por centenas de anos, e a autoimagem dos muçulmanos será profundamente afetada. (Isso, é claro, nos dá uma dica sobre a verdadeira intenção do fundamentalismo islâmico no mundo moderno.)

O modelo científico de Khun, ao ser fundamentalmente irracional,[1] baseia-se, em primeiro lugar, numa suposta correta interpretação da história científica, e, em segundo lugar, numa visão bastante restrita do campo total da ciência. Para que sejam válidos os estreitamentos que ele faz sobre a natureza da ciência, sua interpretação da história tem de ser verdadeira, e digo absolutamente verdadeira; não pode haver aí ceticismo, ou então o argumento filosófico que ele tenta defender fracassará por completo.

Além do mais, não é verdade que as teorias científicas sejam sempre tão provisórias como por vezes é alegado. Por exemplo, a maior descoberta singular na história da fisiologia foi, talvez, a descoberta da circulação

[1] Ou, talvez, alguém poderia dizer (a)racional, uma vez que em seu relato é difícil ver o que contaria ou poderia contar por uma investigação racional da natureza. Se nenhuma visão é melhor que qualquer outra, tampouco qualquer visão será pior que outra. É claro, existem outros ataques à "objetividade" da ciência, por exemplo, feitos por Paul Feyerabend. Foucault sugeria que, por trás de cada elocução humana, incluindo-se as enunciações a respeito da ciência, haveria uma velada sede de poder. Isso não implica que não exista algo como a verdade: presume-se que cada ato humano, incluindo uma enunciação a respeito da ciência, seja motivado por algo. O que esse algo pode ser é, ao menos potencialmente, uma questão empírica. Nenhuma quantidade de fatos pode provar a inexistência da verdade, na medida em que a verdade é precondição da factualidade. Além do mais, é óbvio que o motivo por trás da anunciação de uma afirmação, embora frequentemente interessante e mesmo importante, não é o mesmo que a verdade ou inverdade sobre essa afirmação.

sanguínea por William Harvey (não importa para os meus propósitos filosóficos, todavia, discutir se foi ou não a maior descoberta singular). Alguém realmente espera que uma revisão dessa teoria seja algum dia necessária, no sentido de que haja novas provas a mostrar que o sangue, de fato, não circula? Sem dúvida, físicos matemáticos podem alegar que Harvey era um mero naturalista, em vez de um cientista de verdade, na medida em que ele não reduziu a circulação do sangue a esquemas matemáticos; mas não há nenhum motivo para questionar por que a física matemática deveria ser considerada a única atividade genuinamente científica. Algumas coisas são conhecidas como experimento e deixam uma certeza permanente.

A visão de Thomas Khun sobre a ciência ganhou prestígio quando ele disse que ocorrem mudanças de paradigma na própria ciência, mas que isso se dá por razões alheias ao mérito das evidências do novo paradigma. Ao mostrar que a ciência tinha pés epistemológicos de barro, Kuhn apelava àqueles intelectuais que se sentiam vagamente culpados por nada entenderem de ciência (Por que se importar de saber algo sobre a ciência se ela não tinha nenhum apelo especial ao conhecimento?), mas num nível mais profundo ele apelava àqueles intelectuais ocidentais que viam a autodepreciação do Ocidente em geral, e da Europa em particular, como o motor originador da ciência, como uma atividade autoconsciente, e como o caminho para um autoengrandecimento moral. Quanto mais meticulosa fosse a autodepreciação, mais generosa, aberta e progressista seria uma pessoa.

Claramente, havia e ainda há um pouco de Maria Antonieta fingindo-se de pastora no tocante a essa rejeição da ciência. Se as pessoas de fato pensassem que nada havia a escolher entre, vamos dizer, a feitiçaria como praticada pelas tribos africanas e a aeronáutica moderna, ninguém entraria num avião. É verdade que milhões de pessoas no Ocidente acreditam, ou alegam acreditar, nos chacras curadores da terra, no *yin* e *yang*, e em outras coisas do tipo, mas apenas em duas circunstâncias: quando não há nada de muito errado com elas, a não ser uma vaga insatisfação ou apreensão a respeito de sua saúde, ou quando apresentam uma doença que a ciência médica moderna não pode curar. A medicina alternativa raramente é alternativa, mas é quase sempre complementar, ao menos quando alguém tem uma doença séria e identificável.

Lógico, não é porque esse relativismo epistemológico seja incoerente ou autocontraditório, e psicologicamente impossível de testar, que um relato completamente satisfatório do conhecimento humano tenha sido fornecido pelos não relativistas. Uma coisa não implica a outra.

A disseminação da dúvida

No passado, essas intrincadas discussões sobre a natureza, a extensão e a validade do conhecimento humano estavam confinadas a um pequeno corpo de filósofos competentes, os quais viviam em torres de marfim e tanto não podiam quanto não queriam que os seus argumentos fossem conhecidos pelo grande público. Até não muito tempo atrás, só uma pequena porcentagem da população frequentava universidades, e, dessa pequena porcentagem, apenas um número diminuto se preocupava com a filosofia em geral, e com a epistemologia em particular. Mesmo que os filósofos fossem absolutamente sérios em seus trabalhos, a filosofia era tida como um jogo, um passatempo, ou mesmo um *hobby* no que se referia ao resto da sociedade.

Entretanto, no Ocidente, houve grande aumento do número de pessoas que passaram pela educação universitária, o terceiro grau, especialmente na área de humanidades. Na Grã-Bretanha, por exemplo, é desejo do governo que metade da população frequente a universidade, e, é claro, faz parte da natureza das modernas burocracias que, de uma forma ou de outra, elas atinjam os objetivos estabelecidos por seus mentores políticos, mesmo que (ou sempre) à custa do propósito por trás desses objetivos. Na França, onde passar no vestibular (*baccalaureat*) sempre permitiu ao estudante ingressar no ensino superior, a proporção da população que passa nessa admissão nacional aumentou de 10%, quando minha esposa o prestou, para 80% hoje em dia. Isso poderia ser visto como um sinal admirável no progresso da educação se, nesse meio-tempo, o padrão solicitado para passar no exame tivesse permanecido constante; mas a evidência é bastante conclusiva de que o padrão caiu drasticamente. É verdade que diferentes condições de vida implicam novas formas de ensinamento que as crianças precisam receber, distintas dos antigos formatos, o que torna uma comparação direta difícil ou complicada, mas não é fácil crer que as condições modernas tornem tanto o aprendizado do ferramental básico da língua quanto o dos números menos desejáveis ou menos importantes do que um dia já foram.[2]

O fato é que, de forma inédita, grande quantidade de pessoas que, no passado, teria sofrido pouca exposição aos argumentos filosóficos se vê, agora, exposta ao relativismo epistemológico. Está provavelmente certo quando se diz que, na medida em que crescem em quantidade, decresce sua faculdade crítica. Portanto essas pessoas ficam suscetíveis a aceitar a autoridade do discurso que diz não haver algo como a verdade, que tudo depende de um ponto de vista inicial, e que uma opinião é tão "válida" quanto qualquer outra (o dúbio termo "válido" já quase substituiu a palavra "verdade"). Elas aceitam, como autoridade, que não exista autoridade alguma, exceto, é claro, o que elas pensam, e que é tão bom quanto o que pensa qualquer outra pessoa. O peso intelectual é substituído pelo egoísmo.

Essa não é uma boa posição da qual se possa resistir às alegações de outros baseados em princípios. Expressar incerteza diante do direito de alguém de exigir qualquer coisa dos outros será entremeado por rajadas de sentimento ferido, que os direitos desse alguém não estão sendo respeitados, mas isso não durará muito e tampouco conduzirá a qualquer solução de longo prazo para qualquer problema. Uma apatia disfarçada de tolerância será alternada por breves períodos de reação violenta.

O multiculturalismo do dia a dia

Combinando-se ao relativismo filosófico, temos o crescente relativismo prático do dia a dia, uma percepção crescentemente aumentada de que a forma como alguém faz as coisas não é a única forma de fazê-las. Não se trata apenas de o passado se tornar uma terra estrangeira, onde se faziam as

[2] Um acadêmico sênior no Imperial College, uma das mais importantes instituições britânicas de ensino científico, queixou-se recentemente de que os alunos britânicos tinham um inglês escrito pior do que o dos estrangeiros, cujo inglês era para eles o segundo ou até mesmo o terceiro idioma.

coisas de outra forma; mas o presente se torna uma terra estrangeira, onde se fazem as coisas de forma diferente.

As cidades nas quais vive a maior parte das pessoas mudaram a ponto de se tornarem irreconhecíveis nas últimas duas ou três décadas. Mais de um terço da população de Londres não nasceu na Grã-Bretanha, para não falar da Inglaterra;[3] em Paris, o número é de um quarto. A algumas quadras do centro de Copenhague, não mais é possível saber em que país se está. Certa vez, quando dirigia até a Antuérpia, pensei que talvez tivesse chegado ao Marrocos. Outra vez, ao chegar ao aeroporto internacional de Manchester, não havia um único rosto europeu entre a multidão apinhada no setor de chegada. O número de pessoas de origem estrangeira está aumentando, embora seja possível que uma séria recessão econômica, uma depressão ou retração possa reverter a tendência (se bem que, caso isso ocorra, serão justamente os estrangeiros mais ativos, e não aqueles que dependem de subvenções estatais, que serão os primeiros a sair).

Retornarei à questão do por que se tornou quase inviável para qualquer pessoa (a não ser aquelas do pior tipo, com as emoções mais baixas) expressar desconforto diante dessa situação, de fato dizer qualquer coisa a respeito do cenário, a não ser quão animador ele parece. Por enquanto, contento-me em observar o simples fato de que nunca antes a diversidade humana esteve tão inescapavelmente presente na vida das pessoas da Europa como agora. Pessoas cuja exibição da sexualidade é o principal significado da vida[4] vivem lado a lado com pessoas para as quais desnudar praticamente qualquer parte do corpo, por mínima que seja, é tido como algo equi-

[3] Londres é, há muito tempo, um ímã para estrangeiros, sem dúvida. Até o século XIX Londres podia manter sua população sem as migrações internas. Em meados do século XVIII, metade das crianças de Londres morria antes de completar cinco anos de idade; não obstante, a cidade continuava a crescer. Aliás, isso sugere que a expectativa de vida não compreende uma questão capital no cálculo que as pessoas fazem quando decidem onde querem viver.

[4] Uma professora me contou que um aluno de sete anos dirigiu-se a ela chorando porque lhe haviam chamado de virgem. Ele não sabia o que isso significava, mas sabia que era algo terrível.

valente à prostituição, do ponto de vista moral. A variedade de costumes humanos, e de justificações morais para tais costumes, nunca foi tão óbvia.

Essa variedade autoevidente acaba surtindo efeito sobre qualquer pessoa que seja minimamente reflexiva. Nada mais é "natural", isto é, a forma inconsciente e habitual de fazer as coisas; tudo se torna uma questão de escolha consciente. Aquilo que no passado era aceito sem questionamento algum, simplesmente porque não parecia haver alternativa, torna-se agora aberto às contestações, já que se as outras pessoas fazem as coisas de forma diferente e, não obstante, sobrevivem, todas as coisas têm de ser explicadas em sua particular razão de ser. É claro, sempre houve contestação, e sempre existiram pessoas que desafiaram o *statu quo* de forma deliberada. Mas, em geral, as mudanças ocorriam de modo relativamente lento, não pela força e goela abaixo diante dos olhos de todos, mas por meio da imaginação de uma ordem moral que seria melhor do que a existente. E o objetivo da contestação era em geral uma nova uniformidade na forma de viver, em vez de uma nova variedade na forma de viver. Por exemplo, as feministas não queriam apenas que as mulheres fossem capazes de trabalhar no espectro mais amplo do que aquele dado pelas funções do lar; elas queriam que as mulheres realmente fizessem isso.[5]

Escolha o bem maior

A escolha como um bem em si, mesmo como o único bem em si, tornou-se agora quase uma ortodoxia automática no Ocidente, afetando

[5] Uma prova disso é que a continuação da relativa carência de mulheres no topo das empresas e de outras organizações é tomada como evidência da necessidade de uma reiterada luta contra o "patriarcalismo". Não é o suficiente que as formais barreiras legais sejam removidas; somente uma absoluta igualdade estatística será satisfatória. Todavia, para que isso ocorra, ou as mulheres terão de se comportar exatamente como os homens, com os mesmos gostos, as mesmas ambições, e assim por diante, ou regulamentações muito drásticas e em outros sentidos contraproducentes teriam de ser aprovadas. O que está se exigindo não é oportunidade, mas a consumação de um fato.

todas as coisas, desde as políticas econômicas até a ética médica. A vida passou a ser concebida como um vasto supermercado, em meio ao qual se circula com o seu carrinho, pegando as ofertas de modos de vida das prateleiras, marcadas como "escolhas existenciais". A escolha de hoje não afeta nem impossibilita a escolha de amanhã; mesmo a flecha do tempo, acredita-se agora, voa em mais de uma direção. Da mesma forma que aquilo que você come hoje não determina o que você vai comer amanhã,[6] o que você é e o que faz hoje não determinarão o que você será e o que fará amanhã.

Essa ênfase na escolha como a medida de todas as coisas está equivocada simplesmente porque nada é a medida de *todas* as coisas. A autonomia do paciente se tornou o conceito-chave da ética médica, mas muitos pacientes ficam simplesmente desejosos e ansiosos demais de se entregar aos cuidados de terceiros (e, é claro, a confiança é um grande aliado do médico na superação da doença, ao passo que a desconfiança é quase certamente um inimigo). Esse desejo de abandonar o privilégio da escolha pode ocorrer por uma variedade de motivos: algumas pessoas podem apenas não concordar intelectualmente com a coisa, e com toda a razão querem alguém mais capacitado que elas para decidir em seu nome e em nome do seu melhor interesse. Outros podem estar já bastante debilitados pela doença para que possam fazer o esforço por si mesmos. (Fiquei certa vez nessa situação, e não tenho nenhum motivo para me arrepender de ter confiado o meu destino às mãos de profissionais médicos.)

De qualquer modo, uma escolha pode gerar ansiedade e miséria, tanto quanto é capaz de gerar satisfação e alegria. A fábula do asno de Buridan é instrutiva. Colocado entre dois fardos de feno igualmente tentadores, o asno morreu de fome porque não conseguia decidir por onde começar. Além do mais, algo que seja inevitável é em geral menos intolerável que

[6] Suspeito que as alegorias culinárias sejam mais relevantes do que por vezes é percebido. Os intelectuais, quando falam de multiculturalismo como doutrina em vez de tratá-lo como um fenômeno sociológico, estão pensando em termos culinários: hoje cuscuz, amanhã frango *saagwala*, *cassoulet* depois de amanhã e *sashimi* no dia seguinte.

a mesma coisa quando se crê que seja evitável. O que torna os tipos de casamento que descrevi anteriormente tão horrendos é que, de fato, existe uma alternativa para eles, ou melhor, existe a consciência de uma alternativa. Esses casamentos são muito piores para as filhas criadas no Ocidente do que foram para suas mães, as quais foram criadas numa sociedade mais tradicional. É por esse motivo que os regimes totalitários se mostram tão ciosos em prevenir a circulação de informação genuína proveniente de outros lugares; essas informações colocam a infelicidade, a qual parecia inevitável, na conta dos governantes e na consequência de suas ações.

A visão de que cada aspecto da vida é, deve ou pode ser uma infinita escolha entre alternativas tem ao menos dois lamentáveis efeitos psicológicos. Primeiro, faz com que as pessoas superestimem o grau no qual elas, ou terceiros, controlam os eventos e as condições. Faz com que as pessoas se tornem incapazes de distinguir entre aquilo que pode e aquilo que não pode ser controlado, de modo que elas se tornam indispostas a aceitar os limites existenciais fundamentais da vida humana, ou o fato, óbvio desde que se reflita um pouco, de que nem todos os desejos humanos são compatíveis, e que, portanto, a insatisfação é um convidado permanente no banquete da vida (não é possível sentir-se confortavelmente seguro e correr, ao mesmo tempo, grandes riscos, como os investidores do esquema do Sr. Madoff descobriram a um custo bem alto). Quando o mundo se prova refratário ao desejo de alguém, como sempre é o caso em certa medida, a supervalorização dos poderes humanos para moldar o mundo, segundo a sua vontade, leva ao estado de ressentimento, uma vez que a insatisfação de um sujeito dever ser culpa de *alguém*. E o ressentimento é um dos piores estados mentais, pois é como o fatalismo, exceto que nele não há uma aceitação do destino.

O segundo efeito lamentável da visão de vida como um supermercado existencial é que nenhuma escolha é tomada com seriedade, uma vez que todo um futuro repleto de escolhas encontra-se infinitamente à disposição, como uma paisagem sem horizonte. A liberdade exigida por essa visão de vida é absoluta, sem nenhum constrangimento; nenhuma escolha deve obstruir o direito de qualquer outra escolha futura, e as perspectivas têm de permanecer abertas para sempre. É como se as pessoas partissem numa jornada e, chegando diante de uma encruzilhada, virassem à esquerda porque a paisagem lhes parece mais interessante, ao passo que, simultaneamente, exigissem o destino alcançável apenas ao virar à direita. A relutância dos homens em se "comprometer" com uma mulher é uma queixa ouvida com frequência nos últimos anos, e (se os números de adultos jovens que moram sozinhos forem exatos) é um fenômeno real.[7]

A natureza da liberdade é nesse caso mal interpretada. É óbvio que para que os seres humanos sejam livres eles precisam viver numa sociedade com regras estabelecidas. Aqui, temos uma analogia com a linguagem. Existem muitos educadores modernos que acreditam que o ensino tradicional da gramática para as crianças, conhecimento que talvez não aprendam em casa ou que não possam receber de seu ambiente social, é prejudicial não só para a sua autoestima, ao sugerir a elas que algo que já fazem naturalmente, por assim dizer, não é perfeito, mas também para a sua criatividade. Em outras palavras, um ensino como esse limitaria a sua liberdade ao colocá-las numa camisa de força linguística. Todavia é óbvio que o domínio da linguagem-padrão (caso se escolha ou não exercê-la) ampliará o escopo de liberdade dessas crianças de forma bastante considerável e disponibilizará muito mais do que impedirá, embora permaneça verdade que não existe ganho sem perda. A coisa toda certamente depende daquilo que se considera como mais valioso e mais importante.

---

[7] Uma vez recebi um paciente cuja namorada de longa data tentara o suicídio porque ele, repetidamente, recusava-se a pedi-la em casamento. Ele não conseguia compreender a reação dela, ele me dizia; afinal de contas, o casamento era apenas um pedaço de papel. "Se é apenas um pedaço de papel", perguntei-lhe, "por que você não assina esse papel?" Esse fracasso em se comprometer me lembra de algumas festas literárias das quais participei, nas quais o meu interlocutor ficava fitando as pessoas na sala enquanto conversava comigo, na perspectiva de encontrar alguém mais famoso, mais importante ou mais útil para a sua carreira, ou um contato melhor do que eu para entabular uma conversa (felizmente para eles, as alternativas estavam sempre presentes, e com frequência em grandes quantidades).

Todas as opções em aberto

A pessoa que quer manter todas as suas opções em aberto não admite que cada ganho implica uma perda, que ao virar à esquerda deixa de chegar a um destino que somente seria alcançável virando à direita. Essa falta de reconhecimento é sem dúvida o resultado de uma perda na sensibilidade religiosa, com a sua insistência de que "o meu reino não é deste mundo", de que o homem, por causa do Pecado Original, de sua natureza biológica, ou como queiram chamar a coisa, é incapaz de atingir um estado de perfeita (e, portanto, permanente) felicidade. Essa é precisamente a realidade que a pessoa que não deseja embargar qualquer possibilidade não pode aceitar; ela é utópica, não para a sociedade como um todo, mas para si mesma.

Essa pessoa, portanto, encontrará aquilo que considera como boas razões para rejeitar ideias que a comprometerão com uma pessoa em detrimento de outras. Tal comprometimento, ela será a primeira a salientar, conduz, na maior parte dos casos, à hipocrisia. Certamente isso é verdade. Uma breve jornada na literatura seria suficiente para mostrar quanto a infidelidade é um importante e recorrente tema de poemas, peças, romances e contos. Estudos de DNA mostram que cerca de um décimo das crianças são criadas por homens que acreditam ser os pais biológicos delas, embora não sejam. O conceito paulino que afirma que aquele que olha com cobiça para uma mulher que não seja sua esposa já cometeu adultério no coração seria irrealista demais e pode ser desconsiderado de imediato.

Todavia apenas um momento de reflexão é necessário para perceber a insuficiência de tudo isso a fim de tirar qualquer conclusão, tal como a que afirma que o casamento é uma instituição imprestável e deve ser abolido mesmo como opção.[8] O que pode ser dito a respeito da infidelidade tam-

[8] Em manchete de uma história recente no progressista (e melhor) jornal britânico, o *The Guardian*, lia-se: "Casamento é prostituição legalizada". Em outros contextos (por exemplo, a prostituição) as prostitutas são, certamente, chamadas de "profissionais do sexo". Em outras palavras, o sexo se torna legítimo apenas quando ocorre fora do casamento.

bém pode ser dito sobre o roubo ou o assassinato: não importa quanto se condenem essas práticas e quão draconianas sejam as leis contra elas, pois continuarão a ser cometidas, e sempre será assim. Ninguém, até onde sei, jamais negou a necessidade da proibição do assassinato com a justificativa de que isso não funciona completamente, pois sempre haverá assassinatos. Onde quer que seres humanos estejam envolvidos, nada funcionará em plenitude, ao menos não no intuito de obter exata e constantemente os resultados desejados.

Tanto o efeito quanto o propósito do relativismo, os quais se apóiam em abstrações filosóficas tais como a impossibilidade de fundar o conhecimento humano sobre a rocha de princípios indubitáveis, e na afirmação de que isso se baseia no fato antropológico da variedade humana, são o de dissolver as fronteiras herdadas que estabelecem limites sobre a conduta pessoal, limites que não são bem-vindos porque não são tidos como precondição da liberdade humana (como, é claro, são alguns limites), mas são inerentemente vistos como um ataque à liberdade do indivíduo.

O obituário de um escritor que apareceu no *Le Monde* em 2008 fornecia um exemplo extraordinário desse desejo de dissolver as fronteiras sem nome da liberdade pessoal. O escritor em questão era um verdadeiro *soixante-huitard*,[9] o qual levava de fato muito a sério o lema do "é proibido proibir". Ele foi autor de vários livros na década de 1970 que na época gozaram de certo sucesso, mas que desde então caíram no esquecimento. Ele morreu sozinho numa cabana isolada do interior da França, onde seu corpo só foi encontrado um mês depois, tamanho era seu isolamento social. O obituário expressava o âmago de seu pensamento em grandes letras maiúsculas: as relações sexuais e o Estado não deveriam ter nada a ver um com o outro.

Nada? Ele realmente quis dizer *nada*? Que a lei não deveria regulamentar, de forma alguma, os limites dos relacionamentos sexuais, conforme definido? Não se tratava de um apelo para alterar as fronteiras, o que por vezes é sensato; mas era uma exortação para uma total abolição. Não deveria

9 "Um sessenta-oitista", alguém absolutamente identificado com os eventos estudantis na Paris de 1968. (N. T.)

haver limites segundo a idade, o lugar ou o tipo de atividade. Caso não existam leis, tudo é permitido.

É claro, um intelectual isolado não é capaz de moldar uma tendência social, e, em comparação à Grã-Bretanha, a França permanece uma sociedade bem mais ordenada, embora seja uma sociedade que, de tempos em tempos, permaneça sujeita a explosões de distúrbios sociais. Por baixo da fina crosta de boa ordem borbulha um magma de anseios adolescentes, esperando a chance para expelir uma vez mais os seus caprichos. Cada dez anos na França – o último, em 2008 – testemunha-se uma reencenação nostálgica dos eventos de 1968, quando ser jovem significava o próprio paraíso, quando arremessar pedras nos policiais ou numa vitrine de loja, quando virar um carro e alarmar os adultos parecia o feito nobre a ser executado (e não fazê-lo significava, correspondentemente, ser ignóbil). O notório e pretensioso lema "é proibido proibir" não foi de forma alguma esquecido; e a sociedade mais livre seria supostamente aquela na qual se encontraria o menor número de proibições. E isso se aplica tanto às proibições informais que vêm da pressão social quanto às proibições legais. As reivindicações do indivíduo tornaram-se mais fundamentais do que nunca. Como a rede de supermercados francesa Champion alega, *le client est roi* (o cliente é rei). E o que é a vida senão um supermercado existencial? (Como amplamente demonstra a vida em nossas cidades.) Ocorre-me a descrição do caráter do poeta Shelley em *Estimations in Criticism*, de Walter Bagehot:

> O amor pela liberdade é peculiarmente natural à simples mente impulsiva [tal como a dele]. Irrita-se com a ideia de uma lei; aprecia imaginar que não precisa dela [...] O governo lhe parece absurdo – um demônio. Raramente tem paciência para estimar instituições particulares; quer começar tudo de novo – fazer *tabula rasa* de tudo aquilo que o homem criou ou concebeu; pois parecem ter sido criadas num sistema falso, para um objeto que não compreende.

A questão é: por que um tipo de mentalidade que parecia excepcional na época de Shelley acabaria se tornando quase a norma entre os pensadores e entre aqueles que seguem esses pensadores?

6. Por que somos assim (1)?

A ideia de que "é proibido proibir" é peculiar e até mesmo absurda, na verdade impraticável em boa parte da história humana. Para o senso comum, não é uma ideia mais palatável do que a sua sombria contrapartida: de que os seres humanos seriam insuficientes e incapacitados ao exercício da liberdade, e que todos os seus atos deveriam ser, então, determinados por uma autoridade política ou religiosa, e que aquilo que não é proibido deveria ser requerido, e vice-versa.

Mesmo quando os homens se sentem completamente livres para se comportar como bem entendem, eles em geral terminam se comportando, se não como todos os outros, pelo menos como muitas outras pessoas. Há um forte sentido de segurança que emana da maioria, e o desejo humano por segurança não é algo que possa ser descartado com facilidade. De qualquer forma, não são tantas assim as diferentes formar de comportamento a compor a imaginação da maior parte das pessoas. A injunção ou o comando para que alguém assuma o seu "eu" (como se alguém pudesse ser outra coisa) torna-se, dessa forma, equivalente ao comando de ser exatamente como o seu próximo. Como consequência, o lema "é proibido proibir" não provoca a abolição das regras enquanto tais, mas sua mera substituição por outras e diferentes regras.

Uma multidão de indivíduos

Dessa forma, surge um estado de espírito (ou um estado de alma, caso prefira) característico de nossa era, tornando-se um fenômeno de massa que pode ser visto em todos os lugares em nossos dias: o individualismo sem individualidade. Pessoas que não estão dispostas a tolerar a menor restrição que lhes seria imposta por qualquer autoridade, mas que, no entanto, se encontram completamente subservientes aos gostos, às opiniões e aos hábitos de seus pares, intolerantes a quaisquer divergências que terceiros possam ter no tocante às preferências delas. O egoísmo caminha de mãos dadas com a uniformidade, embora seja uma aliança um tanto ou quanto esquisita quando se pensa sobre o assunto.

Tal uniformidade não é de maneira alguma uma novidade. Uma fotografia recente de uma multidão não mostrará mais ou menos uniformidade do que uma fotografia a retratar o mesmo fenômeno ocorrido cinquenta ou cem anos atrás. A novidade é que, hoje em dia, essa uniformidade precisa ser diferente,[1] tem de demonstrar ser única e ter um direito explícito de constituir e expressar sua singularidade e vê-la reconhecida pelos outros. O reconhecimento da necessidade de haver uma sutil interação entre obediência à autoridade e à convenção, de um lado, e espaço para a liberdade pessoal, de outro, é uma qualidade que já foi perdida,

[1] Nada poderia soar mais estranho à sensibilidade moderna que o pensamento expresso no final do poema de Antonio Machado "*He andado muchos caminos*": *Son buenas gentes que viven, / laboran, pasan y sueñan, / y en un día como tantos, / descansan bajo la tierra.* [São boas pessoas que vivem, / trabalham, caminham e sonham, / e em um dia qualquer / descansam embaixo da terra.]
Certamente, a humildade e a ausência de importância pessoal respondem em grande parte pela bondade das boas pessoas às quais Machado se refere. Compare esse poema ao de Sylvia Plath, no qual se respira por todos os lados obsessão narcísica e autoengrandecimento: *Dying is an art, / Like everything else. / I do it exceptionally well. / I do it so it feels like hell. / I do it so it feels real. / I guess you could say I have a call.* [Morrer é uma arte, / Como tudo o mais, / Sou excepcionalmente boa nisso. / E faço para sentir o sofrimento. / A coisa fica real. / Acho que você poderia dizer que tenho uma chance].

mesmo entre os intelectuais reflexivos. Que a liberdade precise de uma constituição na qual possa florescer – tanto do ponto de vista informal quanto do ponto de vista de uma formal constituição política – é raramente considerado. Não é mera coincidência que um dos três maiores jornais nacionais franceses se chame *Libération*, sem que haja a menor indicação do que os leitores seriam liberados. Suspeita-se que seja das frustrações da vida, como se ela pudesse ser vivida sem as inevitáveis frustrações, as quais surgem da incompatibilidade entre os desejos conflitantes que residem em todo coração humano. Existe um anseio de se ver liberto da tirania das limitações existenciais da vida humana.

Sem dúvida, o declínio da religião é, em parte, responsável pelo surgimento da egoísta obsessão autodirigida de nossos tempos. Uma das grandes vantagens da filosofia cristã foi a de conseguir reconciliar a noção de importância única de cada pessoa com a noção de humildade. Aos olhos de Deus, cada homem era importante, e assim estava em sua morada no Universo, uma vez que este fora criado para acolher seres tais como ele. Cada ação sua era conhecida por Deus e tinha, portanto, significado, pouco importa quão ordinária pudesse parecer em outros aspectos; além do mais, a própria morte não era desprovida de significado, tampouco era o término da existência. Não obstante, por outro lado, em relação ao criador do seu ser, o homem era infinitamente pequeno, como aliás era qualquer outro ser humano. Contudo, por mais culto que fosse esse homem, Deus, sendo onisciente, sabia infinitamente mais sobre as coisas; seja como for, por mais poderoso que um homem acreditasse ser, era Deus quem por último dispunha das coisas, de modo que todo o poder humano era tanto ilusório quanto transitório. Em meio à vida a morte está presente, diz o ditado funerário da Igreja da Inglaterra; e poderíamos adicionar que em meio à nossa importância está nossa insignificância.

Não me preocupa aqui discutir se essa perspectiva é filosoficamente justificável: se Deus existe, e caso Ele exista, se Ele está mais interessado em nossas ações e mais preocupado com nosso bem-estar do que Ele estaria com as ações e o bem-estar de uma formiga, por exemplo. Aquilo que quero destacar é que a perspectiva religiosa esboçada aqui é capaz de realizar a difícil proeza de assegurar ao homem sua importância suprema sem, contudo, deixá-lo cheio de si.

Secularização

A secularização da Europa é mais do que evidente. O longo e melancólico rugido de afastamento da religião, como colocou Arnold Matthew, não é mais um rugido, e mal chega a ser um murmúrio. Hoje em dia, na França, a mais importante e antiga filha da Igreja, menos que 5% da população frequenta regularmente as missas. Já faz algum tempo que a igreja nacional britânica se tornou um alvo costumeiro de deboche e chacota entre os membros da classe educada e da elite intelectual, e o atual arcebispo da Cantuária aviva o espetáculo dessa derrocada ao conferir forma e substância à completa estupidez, de onde se vê uma espiritualidade sem santidade, embora com um bocado de hipocrisia. No País de Gales, onde o cristianismo não conformista representou a influência moral e cultural dominante, a maior parte das capelas do país já foi convertida em residências particulares por arquitetos e decoradores. Num domingo de manhã, é muito maior a chance de encontrar um galês no supermercado do que na capela; a imensa quantidade de escritos pietistas, tanto na Inglaterra quanto em Gales, está agora mofando nas prateleiras dos sebos, muitos dos quais estão fechando as portas. Na Holanda, alguns elementos da religiosa pilarização do Estado permanecem: por exemplo, canais de televisão governamentais ainda são alocados a protestantes e católicos. Mas embora ainda exista um invólucro de pilarização religiosa, sua substância já se foi. No que se refere aos canais de TV, hoje em dia não se discerne facilmente o canal católico do protestante.

Talvez a Irlanda seja o exemplo mais gritante de secularização da Europa, uma vez que é temporã nesse processo. Todavia, aqueles cujo desenvolvimento tarda dão, frequentemente, pupilos muito capazes; aprendem rápido e chegam mesmo a superar os seus mentores. Não faz muito tempo, o catolicismo era essencial para a identidade do irlandês, e não por acaso tendo-se em vista o longo domínio de uma minoria protestante. Quando fui à Irlanda pela primeira vez, o padre era uma espécie de divindade entre os homens, e as pessoas abriam caminho quando ele passava; todo mundo queria, ao menos, um padre na família, e um bispo irlandês se assemelhava a um sátrapa local. Nenhuma família de respeito carecia de ao menos uma freira entre os seus. Em relação ao arcebispo de Dublin, sua palavra era lei; os políticos propunham, mas era ele quem liberava ou não. Na prática, ele tinha poder de veto sobre qualquer legislação.

Entretanto, num piscar de olhos da história, tudo isso se foi, sem qualquer esperança (ou temor) de restauração. Não seria exagero dizer que a Igreja é hoje insultada na Irlanda, ao menos pela classe de pessoas que em última instância dita o tom de uma sociedade, isto é, a *intelligentsia* metropolitana. Suspeito que se hoje fizessem um teste de associação de palavras na Irlanda com a palavra "padre", seria mais frequente do que o contrário encontrarmos respostas como "pedófilo", "molestador infantil", ou (na melhor nas circunstâncias) "hipócrita".

Sem dúvida, em parte a culpa é da própria Igreja, em razão do repúdio que sofre. De fato, a Irlanda se viu controlada de forma opressiva pelos padres desde sua independência, e a Igreja se mostrou interessada demais no poder temporal, impondo sobre o Estado suas visões a respeito de qualquer assunto. Uma Igreja que esteja intimamente identificada com qualquer regime político em particular ou com qualquer ordem socioeconômica sofrerá problemas quando (como mais cedo ou mais tarde sempre acontece) houver uma mudança no regime ou na ordem, como ocorreu na Irlanda durante o final da década de 1980. Nacionalismo econômico e autarquia deram passagem a um acentuado processo de abertura ao mundo, com enorme sucesso econômico, e a Igreja foi acusada de ter impedido o progresso irlandês por cerca de oitenta anos, por causa de seu obscurantismo. Da mesma forma importantes foram os escândalos sexuais envolvendo os padres pedófilos, e a Igreja tentou acobertá-los, minimizá-los ou mesmo negá-los. Esses escândalos e a forma desonesta adotada pela Igreja para lidar com a situação foram avidamente usados pelo partido anticlerical; mas suspeito que essa animosidade contra a Igreja fosse anterior aos escândalos, os quais foram um mero pretexto para que se pudesse atacar uma instituição até então invulnerável. Acho improvável que numa sociedade como a irlandesa a constatação sobre o comportamento criminoso de alguns padres viesse a ser total surpresa, como algo novo e completamente insuspeito.

Seja como for, todos os padres foram taxados como farinha do mesmo saco, de modo que muitos deles, ao menos em Dublin, começaram a evitar andar em público com a vestimenta de padre.[2] Até encontrar padres em Dublin andando à paisana, eu jamais vira um padre sem seu manto clerical de uso diário; e (o que é certamente uma das reviravoltas mais extraordinárias da história recente) hoje em dia, um padre católico romano talvez se sinta mais à vontade na Inglaterra do que na Irlanda, menos preocupado com a possibilidade de enfrentar hostilidade ou desrespeito.

A secularização da Irlanda é apenas mais uma instância da secularização geral – muito mais longa em seu desenvolvimento – a envolver toda a Europa Ocidental. As taxas de natalidade extremamente baixas da Espanha e da Itália, as menores já registradas numa sociedade moderna, sugerem que as populações desses países de tradição católica não dão muito ouvido aos ensinamentos de suas igrejas. Por todas as terras católicas as congregações definham, e são poucos os que têm vocação para a vida eclesiástica, o que gera taxas de reposição muito abaixo dos níveis mínimos de substituição; e os padres têm de ser agora importados do Terceiro Mundo. Há pouco tempo, na Bélgica, vi um antigo e venerável convento onde as poucas freiras remanescentes tinham todas por volta de oitenta anos e nunca seriam substituídas. Quando morressem, seu convento possivelmente seria transformado num condomínio de apartamentos de luxo voltado para profissionais solteiros e sem filhos.

Assim, a abordagem religiosa em relação à vida que descrevi anteriormente é hoje tão estranha para os europeus modernos como a

---

[2] No México, desde a revolução, os padres foram proibidos por lei de aparecer em qualquer lugar com seus trajes tradicionais, exceto dentro das igrejas. No entanto a Irlanda é certamente o primeiro país nos tempos modernos e em época de paz, na Europa Ocidental, em que os padres sentem de fato medo de proclamar sua vocação.

que vem do zoroastrismo ou do zen-budismo, ou seja, não faz parte de seu mundo mental. Nesse quesito, um forte contraste é apresentado com frequência entre a situação na Europa e nos Estados Unidos. Os americanos teriam supostamente retido uma perspectiva muito mais religiosa sobre a vida do que os europeus. Contudo, creio que essa distinção seja mais tênue do que por vezes se alega, considerando que há muito pouco na religiosidade americana atual que sugira uma verdadeira ou permanente crença em vez de mero conformismo social. Em suas atitudes perante a saúde, a doença e a morte, por exemplo, eles não diferem muito dos europeus; tampouco se mostram muito diferentes de como viveriam caso não professassem uma crença em Deus.

Para o bem e para o mal, Deus está morto na Europa, e não vejo muita chance de um retorno, exceto no despertar de uma calamidade. Nem tudo foi perdido da atitude religiosa, entretanto; os indivíduos ainda têm a si mesmos como absolutamente importantes, mas sem a contrapartida da humildade gerada por um sentido de obrigação perante o criador, um ser que não se concebe mais profundo. Longe de induzir uma autoimagem mais modesta no homem, a perda da crença religiosa inflamou sobremaneira seu senso de importância e engrandecimento pessoal.

A vida sem transcendência

Para a pessoa sem nenhuma crença numa transcendência religiosa (e isso significa a esmagadora maioria dos europeus), esta vida é tudo o que se tem. Deve-se então preservá-la e prolongá-la por todos os meios – e não somente preservá-la e prolongá-la, mas curtir a vida ao máximo. Para uma pessoa como essa, a morte significa a completa extinção, o vácuo, o nada eterno; e embora certos filósofos busquem nos convencer de que seria ilógico temer mais um infinito esquecimento depois de nossa morte do que lamentar o esquecimento infinito antes de nosso nascimento, o fato é que a maior parte das pessoas não teme somente a perspectiva da morte (o que os filósofos acreditam que não seja inteiramente irracional), mas também a própria vacuidade da morte. Para a maior parte das pessoas

– não diria todas, talvez David Hume viesse a ser uma exceção[3] – o fato de se ter vivido uma vez faz toda a diferença entre o esquecimento pré-natal e o esquecimento pós-morte.

Mas o que seria aproveitar a vida, ou curti-la ao máximo, como dizem os jovens de hoje? Não há muitos Hamlets disponíveis por aí que possam ser encerrados num casulo e mesmo assim se ver como reis do espaço infinito. Para a maioria, curtir a vida ao máximo significa consumir em doses cavalares e experimentar de tudo, e não apenas em quantidade, mas viver as experiências mais extremas. As infinitudes do aprendizado e da erudição, que podem dar um propósito inesgotável à vida, até o último dia de existência terrena de um homem,[4] não estão e não podem estar adequadas à maior parte da humanidade. Isso não significa desprezar ou difamar a maior parte das pessoas, pois uma população composta inteiramente de eruditos não apenas morreria de fome como também não seria agradável enquanto durasse. Homens de grande cultura são necessários, mas de forma alguma suficientes.

O problema com o consumo é que ele logo deixa de satisfazer. De outra forma, como explicar as multidões que se apinham nos centros das cidades europeias (e crescentemente em outros lugares) todos os fins de semana a fim de comprar coisas absolutamente desnecessárias e que, talvez, as próprias pessoas não as queiram? Será que mais uma camisa ou mais um par de sapatos irá satisfazer à necessidade de um propósito transcendente? No melhor cenário, haverá um brevíssimo momento de elevação, logo seguido de uma prolongada indiferença em relação àquilo que foi adquirido. A duração do momento de elevação será proporcional à escassez do objeto adquirido, pois na maioria dos casos (novamente, talvez nem sempre) a apreciação e o desfrute de novas possessões materiais são proporcionais à escassez.

O mesmo pode ser dito das experiências que as pessoas buscam, ou seja, as experiências que elas acham que devem buscar para que possam curtir a vida ao máximo. Os esportes tornam-se mais extremos em seus

[3] Embora o Dr. Johnson não pensasse dessa forma.

[4] J. K. Galbraith publicou seu último livro aos noventa e seis anos de idade. Chaudhuri, aos cem anos.

desafios; as férias, crescentemente mais exóticas; os filmes, mais violentos; a televisão, mais vulgar; as expressões emocionais, mais grosseiras e óbvias (compare os anúncios que mostravam pessoas se divertindo cinquenta anos atrás com os anúncios de hoje). Atualmente, as bocas estão abertas, e os gritos, sejam de satisfação, sejam de dor, emergem. Uma satisfação silenciosa não é satisfação; aquilo que não é grosseiramente expresso não é mais considerado como expressão.

É claro, pode haver propósitos transcendentes ou significados para a vida que não são provenientes da religião. Já mencionei a erudição, na qual incluo tanto a pesquisa científica quanto as humanidades e a reflexão filosófica; mas uma vida voltada para a busca do conhecimento nunca pode compreender mais do que uma pequena minoria da população.

Um significado transcendente para a vida pode ser buscado em determinado tipo de política. O marxismo pode ter se revelado deficiente como explicação do mundo; suas profecias podem ter sido refutadas, se é que profecias com prazo indeterminado podem ser refutadas; e como guia para o estabelecimento de regimes concretos, o seu histórico é uniformemente atroz, a gerar a organização das mais absolutas formas de tirania já experimentadas pela humanidade, um feito absolutamente notável, uma vez que nunca faltou à humanidade imaginação nesse quesito. Entretanto uma coisa o marxismo fez a milhões de pessoas, ao menos por um tempo: deu-lhes o sentimento de que a vida delas era uma contribuição ao significado imanente da história, e que elas contribuíam para o desenlace da história, quando todas as contradições seriam resolvidas, todos os desejos, realizados, e todas as relações humanas tornar-se-iam fáceis, espontâneas, cordiais e afetuosas. Tratava-se de um óbvio disparate, certamente, mas não um disparate maior do que as ideias religiosas daqueles cujas ideias religiosas não endossamos.

Enquanto a União Soviética se manteve em pé, o marxismo conseguiu segurar em torno de si, em suas variadas formas, a maior parte daqueles que buscavam a transcendência pela política. Todavia a busca da transcendência pela política não cessou com a transformação da União Soviética, que passou de um Estado ideológico para um mafioso, controlado pela polícia secreta. O marxismo caiu em descrédito, a não ser para um punhado de acadêmicos e idosos fiéis,[5] porém o impulso e a aliança foram transferidos discretamente para outras causas.

Uma nova transcendência pagã

Fundamental nessa nova busca foi a causa pelo meio ambiente. O cataclismo ameaçador não seria mais ocasionado pelas insuperáveis contradições do capitalismo, mas pela destruição insustentável do meio ambiente gerada pelas atividades humanas. No tocante à crise final do capitalismo, todavia, nada menos que uma transformação completa resolveria; e quanto mais extremas fossem as mudanças alegadamente necessárias, mais os extremistas poderiam apresentá-las como prescrições para a mudança; os extremistas poderiam posar de salvadores da raça humana. Da mesma forma que os leninistas sabiam o que era bom para o proletariado, e dessa forma conferiam a si mesmos um papel gratificantemente providencial, também os ambientalistas sabem o que é bom para a humanidade, e da mesma maneira designam a si mesmos um papel providencial. A beleza da preservação do meio ambiente como causa é o fato de justificar quase quaisquer fins usados, uma vez que um meio ambiente viável é condição *sine qua non* para todo o resto. Para a alegria dos corações sedentos, será então possível promover manifestações e distúrbios para o bem da humanidade; e as questões a respeito do significado da vida estarão por ora respondidas.

A transcendência das pequenas causas

Algumas pessoas são capazes de encontrar transcendência em causas mais modestas, embora ainda grandes, tais como o nacionalismo, os

---

[5] Em 1988, acredito que foi esse o ano, eu estava na fila aguardando para entrar no mausoléu de Lênin. Atrás de mim havia um americano na casa dos sessenta anos que, pelo seu sotaque, vinha do Brooklyn.

"Este país é a esperança do mundo", ele me disse.

"O quê?", respondi. "Onde não há nem batatas para se comprar!"

direitos dos animais ou o feminismo. A unidade do Reino Unido, por exemplo, foi recentemente ameaçada com o reaparecimento do nacionalismo escocês. Isso foi, em grande parte, um fenômeno superficial, estimulado pelo lançamento do filme hollywoodiano *Coração Valente*.[6] Todavia, quando a crise financeira mundial estourou, durante a qual os dois grandes bancos escoceses quase quebraram e tiveram de ser resgatados pelo governo britânico, o apoio pela independência escocesa, pelo menos ao norte da fronteira, esmoreceu significativamente (temos agora uma situação um tanto quanto peculiar, onde o número de ingleses favoráveis à separação é maior do que o de escoceses). As razões para isso não são difíceis de compreender. A Escócia recebe grandes subsídios da Inglaterra, de modo que (segundo um artigo no *The Spectator*) somente quinze mil escoceses compreendem os verdadeiros contribuintes para o tesouro, ao passo que o resto da população, o que vale dizer cinco milhões de pessoas, recebe mais do que paga. Nessas circunstâncias, a independência e a perda dos subsídios ingleses implicariam uma alta insatisfação econômica e

---

[6] A extensão na qual, entre os jovens, os conhecimentos em história e sobre o mundo são moldados pelo cinema é notável, como também é extraordinária a falta de consciência entre eles para perceber a insuficiência dessa fonte de conhecimento.

Não faz muito tempo, conheci uma jovem inglesa de dezessete anos que estudava história em nível "avançado". Eu, então, perguntei que aspecto da história ela estava estudando. "O genocídio de Ruanda", ela respondeu, com uma expressão que resvalava numa espécie de autocongratulação moral. Como estive em Ruanda, esse era um assunto que me interessava (não questiono se estudar um evento tão contemporâneo seria a melhor forma de instilar um sentido de história entre os jovens), então lhe perguntei quais eram as suas fontes, quais livros ela estava lendo, etc. A única fonte que ela foi capaz de nomear foi o filme *Hotel Ruanda*, que lhe mandaram assistir. Ela se encontrava jovialmente alheia à insuficiência de sua fonte como documentação histórica, bem como também desconhecia o fato de que os belgas já haviam governado Ruanda, e que ao sul havia um país chamado Burundi, onde muitos eventos se espelhavam no que acontecia em Ruanda. É claro, tudo é evidência de algo, mas um filme de Hollywood raramente constitui evidência do que aconteceu na história. Essa jovem não estava passando por uma educação da mente, mas das emoções – e emoções um tanto quanto baratas.

social, uma possibilidade que não deve ser desprezada em tempos de forte retração econômica, ou coisa pior. Por outro lado, a independência da Escócia poderia significar um decréscimo do peso fiscal sobre os ombros dos ingleses – embora eu suspeite que não, pois raramente os governos abrem mão de sua arrecadação e descobrem facilmente novos gastos que justifiquem a manutenção dos impostos.

No entanto, de fato existem nacionalistas genuínos e fortemente engajados na causa, o que sem dúvida confere um propósito transcendente às suas vidas. Afinal de contas, uma nação é mais do que a soma total das pessoas que vivem naquele espaço geográfico ou dentro de uma jurisdição particular. Um nacionalista comunga com o passado e com o futuro, e nesse sentido realiza o contrato que Burke diz que temos, ou deveríamos ter, não apenas com o presente e com o futuro mas também com o passado, pois, caso deixemos de notar, apreciar ou preservar aquilo que os nossos ancestrais nos deixaram e aquilo que herdamos, que motivo teremos para supor que as futuras gerações serão mais gentis conosco e com os nossos esforços em relação àquilo que herdarão de nós? Esse é o motivo pelo qual um forte sentido da presença do passado (o qual o nacionalista sempre tem, independentemente de quão distorcida e enviesada possa ser a sua historiografia) é tão importante para dar às pessoas aquele necessário sentimento de transcendência, caso se queira evitar o oposto, o desespero niilista de que a vida é um mero acúmulo de acontecimentos, e que nenhum evento tem algum sentido ou significado além de sua ocorrência arbitrária.[7]

O fato de o nacionalismo do tipo escocês estar frequentemente associado aos interesses materiais de uma pequena classe de empreendedores políticos não altera o fato de nele haver embutida a necessidade humana de um norte transcendente para a vida. Caso a Escócia se tornasse genuinamente independente, pelo menos até onde a filiação na União Europeia hoje permite aos países-membros, isso demandaria (por exemplo) o estabelecimento de todo um serviço diplomático, com embaixadores,

[7] Lidarei mais para a frente com as consequências desastrosas, na arquitetura europeia, do culto ao momento presente.

secretários, etc., além de todo um corpo burocrático de suporte.[8] Graças à enorme expansão da educação terciária, existe um extenso repositório de pessoas altamente educadas que não têm vocação para o mundo dos negócios, tampouco são treinadas numa profissão (ou, caso tenham sido treinadas, descobrem que sua área profissional é concorrida demais para satisfazer ao seu anseio por uma distinção fácil). Que oportunidade esplêndida seria para essas pessoas a necessidade de construir todo um novo corpo diplomático, para não falar de todos os outros postos que teriam de ser criados no novo Estado! Tampouco devemos nos esquecer das oportunidades ampliadas para a boa e velha politicagem: como quando o Sr. Blair, imbuído de certa impulsividade moralista que tanto o caracteriza, decidiu transferir o poder para um recém-criado Parlamento escocês (o que gerou uma situação peculiar e anômala em que os membros eleitos escoceses do Parlamento inglês podiam votar em questões puramente inglesas, mas não em assuntos escoceses), o novo prédio do Parlamento em Edimburgo, cujo custo original estimava-se que fosse por volta de 40 milhões de libras esterlinas, mas que acabou custando 400 milhões de libras aos cofres públicos, que foi o suficiente, pode-se imaginar, não apenas para enriquecer um bom número de pessoas mas para converter certo tipo de homem de negócios em ferrenho promotor de futuros projetos de transferência de poder e de independência.

Como já mencionado, nada disso altera a habilidade do nacionalismo para responder à necessidade do homem pelo transcendente. Mesmo que o nacionalista esteja enganado, isto é, sofra um autoengano, em relação aos verdadeiros motivos de seu nacionalismo (caso os verdadeiros motivos de qualquer um a respeito de qualquer coisa pudessem ser conhecidos além da incerteza), a coisa importante, do ponto de vista de uma bem-sucedida realização da transcendência, é que venha a ser enganado.

Contudo, certamente, desde o final da Segunda Guerra Mundial, o nacionalismo não pôde mais ser uma fonte respeitável de transcendência pessoal na Europa, exceto em sua periferia, entre as nações menores, e isso

[8] Não é preciso dizer que o serviço diplomático e burocrático inglês não seria relativamente reduzido de tamanho.

se explica facilmente. Lidarei com os fardos da história com mais cuidado nos próximos capítulos; por ora é suficiente dizer que ninguém contemplaria a história do nacionalismo romeno no século XX, digamos, e desejaria o seu retorno, seja lá qual fosse o senso de transcendência pessoal que ele desse àqueles que o abraçaram.[9] Uma das primeiras coisas que os Países Bálticos fizeram depois da independência da União Soviética foi dificultar a vida da grande quantidade de russos que lá viviam, sem dúvida compreensível, tendo-se em vista a sua história recente; e sem dúvida também a desproporção de poder entre esses pequenos Estados e o Estado russo livrou essas populações russas de sofrer um tratamento ainda pior. A libertação, a autonomia e a assim chamada independência do Kosovo foram seguidas imediatamente por uma limpeza étnica a fim de eliminar os sérvios e os ciganos. A história tem o péssimo hábito de se vingar dos inocentes, ou ao menos daqueles que são culpados apenas de forma muito marginal.[10]

De qualquer forma, na nova Europa, o nacionalismo é tido hoje como uma anomalia, considerando-se que o impulso atual é exatamente o de eliminar as fronteiras nacionais e as suas soberanias. Isso, talvez, prove que o sangrento desmembramento da Iugoslávia foi muito alvoroço por nada, ou por muito pouco. Ao romper com a antiga federação e conquistar uma soberania nacional a um grande custo, esses Estados sucessores logo

---

[9] Sempre que se identifique a questão da opressão sobre minorias nacionais, especialmente na Europa Central e Oriental, as linhas de Jonathan Swift se tornam em geral altamente sugestivas: *So nat'ralists observe, a flea / Hath smaller fleas that on him prey, / And these have smaller fleas that bite' em, / And so proceed* ad infinitum. [Observa, naturalista: a pulga / tem sobre si pulgas menores que a sugam, / estas, por sua vez, outras menores ainda que as atormentam, / e assim sucessivamente, *ad infinitum*.] Se ao menos o presidente Wilson tivesse se lembrado desses versos...

[10] Quando o editor britânico Victor Gollancz visitou a Alemanha logo depois do final da Segunda Guerra Mundial, a fim de investigar e denunciar as condições aterradoras em que os alemães se encontravam, muitas pessoas lhe disseram que os alemães mereciam o que estavam recebendo. Gollancz, que era judeu e cuja editora passara a década de 1930 publicando livros que alertavam sobre o perigo nazista, e que não poderia ser acusado de ter qualquer simpatia pelo nazismo, respondeu aos seus vingativos interlocutores com uma simplicidade devastadora: "E as crianças?".

acabariam entregando os seus poderes soberanos para uma federação muito maior, a qual estará ainda muito menos inclinada a se preocupar com as necessidades e preocupações particulares desses Estados, comparando-se com a federação com a qual eles romperam. O grupo terrorista basco ETA pode então estar seguindo não em direção à independência nacional, mas (caso saibam e reconheçam isso ou não) à conquista das bem pagas e emplumadas posições burocráticas em Bruxelas, com seus gastos generosos e refinados jantares. O mesmo vale para os separatistas da Córsega, embora me pareça improvável que eles sequer consigam alcançar esses prosaicos objetivos, embora lucrativos.

Transcendência antinacionalista

O projeto europeu, como por vezes é chamado, constitui-se no oposto exato do nacionalismo: ele é antinacionalista, ou ao menos contrário a um nacionalismo de pequena escala ou regionalizado. É possível plausivelmente interpretá-lo como uma tentativa de construir um imenso e invasivo grande Estado europeu. Mas seria o projeto europeu o tipo de ideal político capaz de oferecer transcendência às pessoas comuns, e não só a um punhado de visionários meio malucos? Será que a União Europeia toca realmente o coração de alguém, além daquele burocrata que não hesitará em sua busca por privilégios?

A questão não tem uma resposta simples como pode parecer à primeira vista; refiro-me à tentação de dar uma gargalhada com a qual se saúda uma sugestão patentemente ridícula. Pois o fato é que, historicamente, as identidades nacionais, dentre outras, foram formadas deliberadamente, onde até então não existiam, e uma ausência de sentimento se tornou um sentimento muito real, ou ao menos muito forte. Estamos acostumados, quando pensamos politicamente, a supor a necessidade e a imutabilidade dos Estados-nação, da mesma forma que as pessoas supunham a imutabilidade das espécies antes da publicação de *A Origem das Espécies*.

Alguns exemplos serão suficientes. Mesmo os mais antigos Estados europeus, tais como a França, enfrentaram dificuldades para estabelecer uma língua nacional que fosse aceita e usada em todo o território nacional até o século XIX.[11] A Itália – uma famosa expressão geográfica de Metternich – é outro caso dessa questão, na medida em que o italiano da Toscana foi imposto, em vez de ter sido adotado espontaneamente como a língua nacional (embora fosse há muito a *lingua franca* das classes educadas e polidas da península). O sentimento nacional teve de ser estimulado na Europa Oriental, pois não emergiu espontaneamente. Duvido que qualquer valáquio do século XVII teria afirmado "sou romeno" diante da pergunta "Quem e o que é você?".

A Turquia também é um caso importante. É claro, a expressão "turco" existia muito antes da formação da Turquia enquanto Estado-nação, mas essa era muito mais uma caracterização cultural do que nacional. Creio que ninguém duvidaria da força do nacionalismo turco, e, não obstante, existe claramente algo de frágil nele, como se a *turquidade* fosse uma lição apenas recente e imperfeitamente conquistada, e, portanto, ainda suscetível ao esquecimento. Ainda é considerado uma ofensa na Turquia insultar ou desqualificar o fundador da Turquia moderna, Mustafá Kemal, e não faz muito tempo que conheci um professor na Turquia que ficara encarcerado por curto período por ter feito exatamente isso, embora sua crítica ao governo de Atatürk estivesse mediada e amparada em termos acadêmicos, ao sugerir que as suas políticas nem sempre foram melhores do que as dos sultões otomanos. Por outro lado, a nacionalidade americana se encontra muito mais seguramente estabelecida ou fixada do que a turca, porque nos Estados Unidos se pode dizer o que se quiser de George Washington e de todos os Pais Fundadores sem medo de retaliações; por exemplo, que eram escravocratas hipócritas e que foram afetados pelo famoso julgamento de lorde Mansfield – um escravo estaria liberto assim que tocasse os pés em solo britânico, e que isso pudesse em breve ser estendido às colônias. Foi um professor americano que propôs essa tese, e ele não sofreu nenhuma

[11] Uma amiga minha de Gales, pouco mais nova que eu, me disse que quando jovem ela era punida na escola ao falar galês durante o recreio – embora não houvesse a menor chance de ela não conseguir aprender o inglês de forma apropriada. De fato, na época, ela já havia dominado a língua.

consequência mais grave por ter feito isso, além do absoluto descrédito intelectual que a obra sofreu.

O nacionalismo turco foi uma resposta deliberada e consciente ao declínio do império otomano, uma decadência que se tornara evidente com o aparecimento dos movimentos nacionalistas em seus territórios europeus. Se os otomanos não poderiam derrotá-los, juntar-se-iam a eles, e os turcos compreendiam, afinal de contas, o núcleo da população. O sentimento nacional turco, incluindo a xenofobia, não surgiu do dia para a noite, todavia. Até por volta de 1922, ainda havia dois milhões de gregos vivendo na Turquia, e provavelmente os seus descendentes ainda morariam lá caso o governo grego não tivesse tolamente decidido (com o expresso encorajamento anglo-francês) tentar recriar um império grego na Ásia Menor, tirando vantagem da suposta fraqueza turca depois do fim da Primeira Guerra Mundial.

O genocídio armênio, o qual a Turquia tem genérica, repetida e vigorosamente negado, atenuado ou minimizado, foi mais um produto do nacionalismo turco do que do otomanismo (caso aquele império decrépito possa ser caracterizado como algum *ismo*). Se houve alguma provocação inicial, ela veio do nacionalismo armênio, uma vez que este foi uma "nação leal" aos otomanos até a década de 1870. Isso não quer dizer que possa haver uma justificativa para o massacre a sangue-frio de populações inteiras. O genocídio armênio – ou massacres, como os turcos preferem chamar o episódio, em decorrência de alegações não convincentes de que nunca houve ordens específicas para se perpetrar um genocídio – é um assunto extremamente delicado na Turquia porque está intimamente ligado à fundação da república, a qual depende de uma frágil veneração secular, que agora é desafiada pelos islâmicos e que é em tudo religiosa, exceto em sua falta de uma divindade, a menos que se considere Atatürk uma divindade – com seu mausoléu-santuário em Ancara, seu monopólio nas notas de dinheiro, seu busto em cada praça das vilas e cidades e sua foto em cada estabelecimento comercial, sem falar das leis que o protegem contra a blasfêmia. É difícil imaginar Clóvis sendo tratado da mesma forma na França, ou mesmo Rurik na Rússia; mas, como veremos, os problemas turcos com sua história não ficam restritos a isso.

Indo mais longe, podemos ver como nações que previamente não existiam são criadas, cujos cidadãos aprendem a sentir alguma ligação emocional a uma nova entidade política.

Uma das acusações principais contra o colonialismo europeu na África é que ele estabeleceu fronteiras artificiais, frequentemente com uma régua, sobre o mapa do continente, desconsiderando as realidades geográficas e (mais importante) humanas. Penso que essa seja uma acusação falsa, exceto no sentido de acreditar que os países europeus não tinham justificativa alguma para dividir a África entre eles.

Essas fronteiras foram herdadas pelos novos Estados africanos independentes, e, numa das raras decisões políticas sábias que apareceram no continente desde então, a Organização da Unidade Africana decidiu que essas fronteiras deveriam ser invioláveis, independentemente de quão indefensáveis pudessem ser no abstrato. A Organização viu claramente o que era óbvio (oxalá o óbvio pudesse sempre ser visto claramente!): tentativas revisionistas de estabelecimento das fronteiras como base em realidades étnicas e geográficas levariam a guerras intermináveis.

O problema com as fronteiras artificiais, no entanto, é que criavam entidades políticas em relação às quais ninguém se sentia organicamente ligado. Isso não quer dizer que fronteiras melhores pudessem ser estabelecidas, mesmo com toda a boa vontade do mundo (o que geralmente falta nos assuntos humanos), uma vez que as realidades político-sociais da África a tornam peculiarmente inadequada à criação de um sistema de Estados-nação. Uma vez que as metrópoles europeias dividiram o continente da forma como fizeram, todavia, a criação de Estados-nação se tornou praticamente inevitável; não haveria como voltar atrás para as entidades políticas pré-coloniais que os europeus haviam destruído, mesmo onde eles escolheram um governo indireto como forma de exercer o seu domínio colonial.

Uma nova identidade

Os novos Estados-nação africanos eram frágeis, é claro, talvez (mas não completamente) porque muitos deles continham uma profusão de agregados étnicos sob uma única nação.[12] Sendo assim, é evidente que algum tipo de sentimento e de caráter nacional está emergindo em vários Estados africanos porque – as fronteiras foram firmadas como invioláveis por um tempo considerável, ainda mais porque uma boa proporção da população é jovem e nunca tomou conhecimento de outra realidade política – as pessoas dentro dessas fronteiras de fato hoje compartilham certa experiência histórica – boa, ruim ou atroz, conforme o caso. A vasta maioria dos nigerianos, por exemplo, não tem outra referência a não ser a de uma Nigéria independente; e embora eles permaneçam divididos em cerca de trezentas etnias distintas (dependendo do que se considera uma etnia), o fato é que eles agora têm algo em comum, um jeito nigeriano de ser, caso seja apropriado dizer dessa forma. Uma coisa é certa: a Nigéria está cercada de países que têm uma língua franca diferente da sua; francesa, em vez de inglesa. Isso por si só confere uma característica distinta; e a distância geográfica também daria aos nigerianos uma identidade diferente da de outros africanos que falam inglês, mesmo que nada mais houvesse que os distinguisse (o que está longe de ser o caso, uma vez que a moderna história nigeriana é *sui generis*).

Com o passar do tempo, uma entidade política que em sua concepção não despertava nenhum sentimento de pertencimento nacional, entre os povos sob a sua jurisdição, aos poucos começa a se afirmar perante uma parte da população ou (o que não é a mesma coisa) imprimir-lhes uma identidade pessoal. As pessoas começam a se sentir e a se definir como nigerianos não apenas quando se descrevem aos outros, mas a si mesmas. Não se trata apenas de pessoas que pertencem, em outras questões, a grupos antagônicos e que torcem pelo mesmo lado em competições

[12] Curiosamente, os Estados africanos que mais ou menos se adequaram às realidades políticas, étnicas e geográficas – Ruanda, Burundi e Somália – não se saíram melhor do que os que não se adequaram. Por outro lado, Botsuana, um dos Estados que se adequaram mais ou menos a essas realidades, teve grande êxito, um dos pouquíssimos países que tiveram êxito na África pós-independência. A Suazilândia teve sucesso relativo, ao passo que o Lesoto foi mais um fracasso, como muitos. Parece que não existe uma regra ou fórmula única a respeito desse assunto.

esportivas contra outros países, tornando-se eufóricas na vitória, embora de forma passageira, e caindo no abatimento na derrota, embora de forma igualmente passageira, mas elas de fato começam a dividir entre si algumas características que podem ser satisfatoriamente tidas como nacionais.

Mais de vinte anos atrás, um jornalista nigeriano, Peter Enahoro, publicou um divertido livreto chamado *How to Be a Nigerian* [Como Ser um Nigeriano]. Ele apresentava características nacionais reconhecíveis, que não eram vistas de forma absolutamente favorável pelos vizinhos. Essas características compreendiam a audácia, uma tendência para se gabar, fazer alarde, sociabilidade, energia, uma relação flexível com a idoneidade financeira e senso de humor. Isso é sem dúvida verdadeiro, pois não conheço povo que seja mais capaz de rir de si mesmo do que os nigerianos, embora muitos também apresentem o que não seria uma qualidade oposta (a habilidade de refletir com seriedade). Certamente, poucas pessoas na África Ocidental têm alguma dificuldade para reconhecer um nigeriano quando se deparam com um; eu mesmo sou capaz de distinguir, sem dificuldade, nigerianos de, por exemplo, pessoas de Gana, para citar outro povo anglófono da África Ocidental, de um país traçado por fronteiras determinadas pelos colonizadores.

Essa breve exposição revelou vários pontos importantes: que as identidades nacionais não são com frequência forjadas de forma natural, mas são social e ideologicamente construídas, algumas vezes com sucesso; que federações de nações tendem à desintegração, frequentemente com tenebrosos derramamentos de sangue; mas que aquilo que as substitui é com bastante frequência algo ainda pior; e que a aparente alternativa à federação, isto é, uma absoluta soberania nacional, quase sempre se torna refém de um nacionalismo vil e incitador do ódio.

7. Por que somos assim (2)?

Portanto, no abstrato, não há nada de absurdo no tocante à tentativa de criar uma identidade pan-europeia. Outras identidades, as quais eram ainda mais improváveis em seu início, foram forjadas. E, de fato, já existe um lampejo de identidade europeia, no sentido de os europeus sentirem-se, por exemplo, quando estão nos Estados Unidos, diferentes dos americanos não apenas em termos nacionais, mas continentais – como europeus no geral. Nascido e criado numa ilha cujos habitantes pensam que quando há nevoeiro no Canal da Mancha o continente europeu está isolado, eu, não obstante, me sinto muito mais *chez moi* na França, na Alemanha, na Itália ou na Espanha do que quando visito os Estados Unidos, e isso apesar das barreiras linguísticas.

Todos como uma comunidade de identidades

As identidades pessoais, e as suas lealdades a grupos e instituições, têm camadas. Uma pessoa que se sentisse definida por uma única característica seria um monomaníaco, e não seria o tipo de pessoa com a qual gostaríamos de passar muito tempo. Por causa de certos interesses políticos, houve tentativas de instilar identidades monomaníacas em populações inteiras, passando por cima de todos os outros aspectos de suas identidades (por exemplo, a qualidade de ser alemão ou proletário), de modo que todas as questões práticas e morais passariam a ser decididas à luz dessa identidade exclusiva, mas essas tentativas surtiram efeitos sobre os quais não é preciso discorrer muito. O fundamentalismo islâmico é o mais recente empenho para se forjar uma identidade uniforme e unidimensional; segundo o qual, um bom muçulmano se encontra em perfeita sintonia com outros bons muçulmanos, uma vez que cada aspecto de seu pensamento é idêntico ao deles e perfeitamente oposto a todos os que não são bons muçulmanos.

Ao ser necessária e inevitavelmente plural a identidade de uma pessoa, de forma que durante determinada situação a pessoa se coloque como *x* e em outra como *y*, o esquema de fornecer à pessoa uma identidade sem camadas distintas, de modo que em toda e qualquer circunstância ela se coloque como *z*, está destinado ao fracasso, como uma simples reflexão confirmaria. Infelizmente, a evidente impossibilidade de um objetivo político nunca deteve um fanático da causa de persegui-lo, e poucas coisas são mais nefastas do que perseguir o impossível, ao menos quando a coisa é determinada sem senso algum de ironia.[1]

Nenhum homem tem em sua identidade somente o aspecto da nacionalidade. É óbvio que a identidade nacional pode prevalecer sobre outros aspectos de sua identidade em determinadas circunstâncias, como por exemplo durante uma guerra total. Isso também vale para outros aspectos

[1] É claro, a busca religiosa da virtude perfeita é a busca de uma impossibilidade, ao menos em nosso mundo sublunar. Porém a pessoa religiosa compreende isso; a doutrina do Pecado Original torna o crente muito ciente disso. A perfeição moral é almejada, mas não para ser alcançada neste lado do paraíso, embora seja preciso fazer um esforço para galgar novos patamares. Em meu caso, acredito que a polidez seja uma virtude social, mas isso não significa que eu seja sempre polido. Como qualquer outro, também sou uma criatura decadente. No entanto isso, por sua vez, não significa que eu realmente não considere a polidez uma virtude social, muito menos que ela não seja concretamente uma virtude. Apenas se *nunca* ou *raramente* eu fosse polido, e não valorizasse a polidez nos outros, seria razoável que eu duvidasse da sinceridade de minha crença. Hazlitt fez um interessante ensaio sobre as distinções entre insinceridade, verdadeira crença e hipocrisia, distinções que geralmente são confundidas.

de sua identidade em outras circunstâncias. Entretanto qualquer união supostamente perfeita com terceiros está destinada a rachar assim que houver mudança na situação que provocou essa união. Milton, em *The History of Britain*, aquela parte específica chamada agora de Inglaterra, demonstrou o seu desapontamento ao discorrer sobre como a unidade e o senso de propósito que inflamaram as forças parlamentares durante a Guerra Civil se dissiparam quase totalmente:

> Uma vez que o zelo superficial e as emanações populares que agiram na Nova Magistratura se viram arrefecidas e consumidas, todos retomaram os seus velhos interesses (pondo o Commonwealth atrás e os fins privados na frente) a fim de ver contemplados seus próprios negócios e suas ambições. Então a justiça foi atrasada, e em breve negada, favores e recompensas assumiram o controle; logo depois a facção, daí a traição, ambas em casa e no campo; em todos os lugares erros, e opressão, feitos odiosos e horrendos cometidos diariamente, mantidos em segredo ou feitos em aberto [...] Votos e ordenanças, que os homens esperavam que contivessem determinações para se repelir as más leis e a imediata constituição de melhores leis, não vingaram, e vimos apenas as renovadas imposições dos impostos e das taxas: anuais, mensais, semanais. Para não falar dos cargos, presentes e privilégios conferidos e compartilhados entre eles.

A política clientelista não é novidade alguma, no entanto; de fato, a indignação de Milton, típica do sonhador utópico decepcionado, é produto de um deficiente conhecimento da natureza humana, e no caso dele causada por uma atenção excessiva aos livros em detrimento dos homens de carne e osso.

Para falar de minha própria experiência, sinto-me bastante inglês, apesar de minha origem mestiça, sentimento que, segundo meus relacionamentos franceses por casamento, apresenta alguns correlativos objetivos e nem sempre desabonadores. Todavia não me vejo apenas como inglês; na verdade (como médico), sinto-me em geral mais próximo aos integrantes de minha profissão do que a lugares no mundo, tanto no exterior quanto em meu próprio país, nação que, hoje em dia, se especializa na criação de vulgares e ruidosos beberrões.

A importância da identidade nacional

Não obstante, sempre que questões políticas estiverem envolvidas, é provável que, para a maior parte das pessoas, a identidade nacional (ao menos em boa parte do mundo) represente o mais forte, profundo e fundamental aspecto de suas identidades, para as quais os políticos podem apelar, muito embora o islamismo esteja ganhando um terreno transnacional nessa questão. Durante as décadas anteriores à Primeira Guerra Mundial, os socialistas exortavam a solidariedade internacional da classe trabalhadora, que, em todos os lugares, prontamente se alinhou aos esforços de guerra de seus respectivos governos nacionais. Depois da Segunda Guerra Mundial, o internacionalismo do proletariado se tornou um eufemismo ridículo da dominação soviética, a legitimar o poder dos sátrapas do regime soviético. A ideia de que os poloneses se reconciliariam com os russos por meio de uma inculcação forçada da inversão marxista da dialética de Hegel só precisaria ser enunciada para que a sua absurdidade se tornasse evidente. Adaptando levemente um famoso ditado marxista (que é verdadeiro e profundo),[2] identidades podem ser forjadas, mas não como foram pretendidas.

Isso não quer dizer que as identidades sejam frequente, deliberada e conscientemente forjadas, de modo que se torne possível gerar uma identidade genuinamente europeia, um europeísmo do coração por assim dizer. Entretanto, vamos supor por um momento que assim fosse; isso seria necessário ou desejável?

Ao abordarmos alguém favorável ao projeto europeu para que justifique suas razões, isto é, se perguntarmos por que ele ou ela acha que as soberanias nacionais devem ser enfraquecidas, e os poderes supranacionais fortalecidos, e por que belgas, romenos, estônios e portugueses devem se sentir profunda e totalmente ligados, esse alguém sem dúvida responderá "para evitar a guerra" ou "para assegurar a paz".

[2] *Os homens fazem sua própria história, mas não a fazem como querem.* Por estranho que pareça, isso nada tem a ver com a questão da liberdade e do determinismo. O fato de não se conseguir pular até a Lua não significa que não haja um número infinito e variado de movimentos que eu possa fazer.

Na lógica dessa visão, o estado natural do homem europeu, sua configuração-padrão, por assim dizer, seria a guerra. Isso estaria amparado em fortes evidências, historicamente falando. Houve de fato uma quantidade terrível de guerras na Europa, tanto quanto o número de grãos de café no Brasil. Tampouco seria verdade afirmar que, antes das duas Guerras Mundiais, todas essas guerras foram de pequena escala. A Guerra dos Trinta Anos, por exemplo, matou um terço da população da Alemanha. De Napoleão, não vou falar, com medo de ofender minha esposa francesa.

Não pode ser dito que a amizade entre os povos europeus tenha crescido espontaneamente desde o fim da última guerra, nem que os sentimentos tradicionalmente hostis entre as nações tenham se transformado em feição mútua. Por exemplo, tenho notado que o termo *anglo-saxão* não insinua aprovação ou afeição sempre que usado pelos jornais franceses; Albião ainda é *pérfida*, e os *rosbifes* são nojentos (e eles frequentemente são, é claro). Do outro lado, os tabloides britânicos apelam aos preconceitos de seus leitores e mantêm os seus níveis de circulação à custa de piadinhas contra os franceses, e aludem a estereótipos tais como o reduzido consumo de sabão na França. Quando os times de futebol dos dois países se encontram, a torcida inglesa costuma cantarolar "Se não fosse por nós, vocês estariam falando *kraut*".[3] E tudo isso não seria exatamente uma manifestação de solidariedade pan-europeia, ao menos na esfera afetiva.

Animosidades duradouras

Na França, nunca ouvi um elogio à Alemanha ou aos alemães (com a exceção dos carros), apesar de mais de meio século de amizade contínua e de alianças oficiais. Durante a primeira viagem à Alemanha de minha esposa, eu e ela pousamos no Aeroporto de Frankfurt. As primeiras palavras dirigidas a ela por uma alemã foram "Por que está tão atrasada?", dita

[3] *Kraut* – Forma pejorativa usada pelos ingleses e, depois, pelos americanos para caracterizar o alemão nas duas guerras mundiais. Originariamente, o termo vem de pratos típicos alemães preparados com repolho fermentado. (N. T.)

por uma disciplinada comissária da Lufthansa, enquanto nos apressávamos para pegar o voo de conexão. "*Sale boche!*"[4] foram as palavras que ocorreram espontaneamente a minha esposa, embora outros insultos, não nacionais, também façam parte de seu repertório.

Na festa de aniversário da rainha na Holanda, feriado nacional, veículos com placas alemãs ainda são arranhados ou vandalizados, e em geral é aconselhável que os alemães que estejam de carro se dirijam discretamente para fora do país durante as celebrações. Sem dúvida, esse fenômeno está diminuindo, mas o fato de ainda ocorrer não demonstra um grande espírito de confraternização entre vizinhos.

Na Bélgica, valônios e flamengos não se dão. Com exceção de Bruxelas, não se saberia que a Bélgica é, oficialmente, um Estado bilíngue. Na Valônia, não existe uma única placa em flamengo; em Flandres, a uma jarda da fronteira, não existe uma única sinalização em francês. Em Flandres, as pessoas se recusam a falar em francês e preferem se dirigir aos estrangeiros em inglês; de fato, hoje os jovens aprendem o inglês no lugar do francês, língua que eles desconhecem e (o que é pavoroso) não querem conhecer. Tive enorme dificuldade para encontrar em Flandres um jornal em francês, ou uma livraria que vendesse livros em francês.

Sem dúvida, tudo isso é perfeitamente explicável historicamente. Durante a maior parte de sua existência, a Bélgica foi dominada econômica, política e culturalmente por sua minoria francófona, mas agora o jogo virou. Os flamengos representam dois terços da população e são muito mais prósperos. As indústrias tradicionais da Valônia – mineração e siderurgia – quebraram e deixaram um rastro de desemprego em massa, tornando-se dependentes dos subsídios do governo, os quais são pagos, obviamente, pelos agora prósperos e florescentes flamengos. (Isso é, de qualquer forma, o que acreditam os flamengos, os quais afirmam que uma saída dos subsídios lhes seria muito proveitosa, sem dúvida, em interesse próprio, embora não estejam necessariamente errados. O Partido Socialista que controla a Valônia como um feudo não concorda, porque o seu poder depende inteiramente da distribuição desses subsídios.)

---

[4] Em português, seria "*boche* (alemã) suja!". (N. T.)

Independentemente de quão explicáveis sejam os desentendimentos históricos entre valônios e flamengos, eles com certeza não exibem o tipo de sentimento fraterno que deveria dominar as relações entre todos os povos europeus, ou a simpatia intrínseca que esses povos nutririam entre si, para não falar de um desejado sentimento de identidade comum, e talvez de destino.

Caso seja realmente assim, argumentam os que são favoráveis ao projeto europeu (a construção do que significaria um superestado, reduzindo os antigos governos nacionais ao *status* de meras municipalidades), emoções realmente hostis e beligerantes entre os povos poderiam ser facilmente despertadas uma vez mais. Quanto mais próximo estiverem da superfície, mais imperativa se tornará a urgência de obstruí-las pelos mecanismos das instituições internacionais e supranacionais. Caso contrário, uma guerra eclodiria a qualquer momento. É necessário aceitar, em escala europeia, aquilo que Bertrand Russell acreditava ser o caso, enquanto escrevia o seu ensaio *O Futuro da Humanidade*, em escala mundial:

> [Não] é razoável esperar que, caso uma medida drástica não seja tomada, as guerras simplesmente deixem de existir. Elas sempre ocorreram de tempos em tempos e, lógico, eclodirão outras vezes, mais cedo ou mais tarde, a não ser que a humanidade adote algum sistema que as torne impossíveis. Mas o único sistema viável seria um governo único com o monopólio do recurso às armas.[5]

---

[5] O ensaio de Russell, publicado em forma de livro em 1950, é uma ilustração perfeita dos perigos da previsão política. Não será preciso dizer que ele não era uma pessoa estúpida; e (o que não é sempre a mesma coisa) ele provou ter, em determinados momentos, um altíssimo bom senso, por exemplo, quando desde o começo identificou em Lênin, o qual conhecera na Rússia quando lá esteve, um monstro de um novo tipo. Seguem, abaixo, as três possibilidades que ele vislumbrou como a situação do mundo por volta do ano 2000, e uma das quais seria mais ou menos inevitável, conforme sua previsão:

I – O fim da vida humana no planeta, talvez de qualquer forma de vida.

II – Uma reversão ao barbarismo depois de uma catastrófica diminuição da população do planeta.

As causas da paz

A prova da sabedoria embutida na expansão da autoridade supranacional europeia é o fato de não ter ocorrido guerras na Europa nos últimos sessenta anos, ao menos entre os membros da União Europeia. (É claro, houve a pequena questão da guerra argelina envolvendo a França, que custou um milhão de vidas; a Grã-Bretanha teve conflitos com a Argentina, a Sérvia e o Iraque; e um conjunto caleidoscópico de nações europeias enviou tropas para o Iraque e o Afeganistão. Porém o ponto é o mesmo: não houve qualquer conflito armado entre países-membros da União Europeia.)

Esse argumento é profundamente pessimista, pois sua força depende da suposição a dizer que, se não fosse pela União Europeia, as nações europeias estariam, uma vez mais, voando no pescoço uma das outras. Isso não pode ser comprovado, tampouco refutado. O argumento só pode ser sondado em sua plausibilidade.

A primeira coisa a observar é que boa parte desses países não atacaria quem quer que seja. É difícil imaginar Luxemburgo declarando guerra à Itália, ou a Lituânia, guerra contra Portugal. Portanto no coração do argumento se encontra a relação entre a França e a Alemanha. Somente uma guerra entre esses dois países poderia arrastar a Grécia num conflito contra a Finlândia, caso tomassem lados opostos.

Consequentemente, fazem-nos acreditar que sem o gigantesco aparato burocrático agora estabelecido em Bruxelas – sem os pronunciamentos burocráticos sobre qual deve ser o tamanho adequado das bananas, e sobre a ilegalidade de se usar libras, onças e polegadas como unidades de medida, para não falar de milhares de outros pronunciamentos – a França e a Alemanha entrariam novamente em guerra, mais cedo ou mais tarde (e que agora não mais o farão, pois a questão sobre o tamanho apropriado

---

III – A unificação do mundo sob um governo único, o qual possuirá o monopólio do arsenal bélico mais significativo.

É verdade, Russell disse que um dos três desdobramentos *de fato* aconteceria (minha ênfase), mas é difícil apreender o que foi que, nesse ínterim, preveniu qualquer um dos resultados previstos.

das bananas foi decidida, para a satisfação de todos). Além do mais, uma vez que ninguém acredita, a França atacaria a Alemanha, e não o contrário. A conclusão resultante seria a seguinte: sem esse vasto aparato europeu de contenção, o *huno*[6] voltaria à velha forma.

Mas será que voltaria mesmo? Assumir que voltaria significa que nele subsiste algum tipo de essência inalterável, incapaz de transformar-se, e certamente incapaz de aprender com a experiência. Segundo essa visão, a Bundesrepublik não seria nada mais que um Terceiro Reich reciclado, esperando para romper o seu invólucro democrático. Existem pessoas que realmente acreditam nisso, embora não sejam muito respeitáveis. Esse foi um ponto de vista que a União Soviética tentou incutir durante muito tempo na mentalidade europeia. O argumento original era de que haveria muitos nazistas empregados pelo novo Estado (e que não haveria nenhum, é claro, na Alemanha Oriental), e que seria, portanto, uma continuação do Terceiro Reich por outros meios. Esse posicionamento tentava sustentar que o limitado rearmamento da Alemanha Ocidental seria o primeiro passo para uma guerra revanchista. Defendia que o sistema econômico capitalista da Alemanha Ocidental era inerentemente imperialista e, pela lógica interna do capitalismo, buscaria mercados e recursos de matérias-primas por meios belicosos. Até agora, em todos os sentidos, todos esses argumentos foram refutados na prática, e não vejo nenhum motivo para supor que o futuro os confirme. Na verdade, a Alemanha tem demonstrado ser um Estado social-democrático quase exemplar, atento aos direitos de seus cidadãos, pacífico em suas políticas e um tanto tímido no exercício de sua musculatura econômica.

O grupo Baader-Meinhof também alegava que a Alemanha Ocidental seria um Estado neonazista e justificava sua violência e criminalidade nessas bases. (Não precisaria dizer que recebia assistência da Alemanha Oriental.) Como se tornou muito típico em toda a juventude ocidental, esses jovens confundiam suas angústias pessoais com causas políticas universais. É verdade, eles se encontravam numa situação difícil e em alguns sentidos desconfortável e ingrata (diante do fardo histórico sobre o qual falarei

[6] A forma depreciativa como os britânicos e posteriormente os aliados se referiam aos alemães tanto na Primeira quanto na Segunda Guerra Mundial. (N. T.)

mais a respeito em breve); viviam numa sociedade livre e liberal cuja geração anterior participara e fomentara, com variados graus de entusiasmo e muito recentemente, um dos piores episódios da história humana. Eles não podiam saber quem era quem em sua volta e o que haviam feito. Em vez de tirar uma prudente e cuidadosa lição de tudo isso, todavia, eles retiraram a lição mais precipitada à disposição, sem dúvida no intuito de justificar o seu desejo por um significado histórico transcendente, juntamente com um gosto pela ação violenta.

Entretanto, de qualquer ponto de vista sério, a ideia de que a nova Bundesrepublik fosse simplesmente uma continuação da Alemanha nazista por outros meios não valeria a menor consideração especulativa, não mais que valeria, por exemplo, enviar uma sonda espacial a fim de examinar a possibilidade de a Lua ser um enorme queijo suíço.

Autodepreciação alemã

Contudo ainda é possível conhecer alemães que desconfiam de si mesmos, ou, em vez disso, de seus conterrâneos, e de forma tão intensa que veem recaídas à espreita em todos os lugares imagináveis, incluindo situações que outros considerariam completamente inocentes. Tive um exemplo notável disso durante um jantar com um alemão que nasceu dez anos após o término da guerra e que administrava o negócio da família na área de silvicultura. Ele concluíra que faria bem aos negócios elaborar uma frase que representasse a missão da empresa (ou, talvez, que seria ruim para a empresa não ter um lema) e, assim, convocou uma reunião para decidir qual seria o lema da empresa. Alguém sugeriu "Silvicultura com orgulho", e então se seguiu uma longa discussão para definir se isso significaria o início de uma longa descida para o [...], bem, não foi preciso especificar para onde, todos sabiam o destino.

Levando a coisa a sério, isso significava que nenhum alemão jamais poderia de novo sentir orgulho em nada que fizesse. Contudo, considerando que uma visão assim rigorosa – que talvez seja contrária à natureza humana – provavelmente causaria irritação e provocaria uma contrarreação, renegar o orgulho também poderia levar ao início de uma longa descida. Em outras palavras, a longa descida acenava aos alemães independentemente de seu comportamento.

O medo de uma Alemanha ameaçadora soa, hoje em dia, ridículo. Qualquer um que contemple o semblante de um Frederico, o Grande, para não falar de um Hitler, a pairar por trás como um espectro a influenciar Angela Merkel estará mais próximo de uma consulta com o psiquiatra do que de uma refutação racional. Nunca houve a mais remota perspectiva de um conflito armado entre França e Alemanha depois do término da Segunda Guerra Mundial, portanto não haveria nenhuma necessidade de uma estrutura para prevenir tamanha quimera.

Moeda comum como fonte de antagonismo nacional

Paradoxalmente, uma união muito próxima entre distintos Estados nacionais poderia com facilidade gerar um conflito onde, até então, não existia nenhuma possibilidade. Uma união monetária poderia, em determinadas circunstâncias – algumas das quais parecem estar agora acontecendo –, deixar os Estados mais fracos da União diante de uma desagradável escolha entre a discórdia internacional ou doméstica. Por exemplo, a Grécia entrou como filiada ao euro por meio de ilusões estatísticas – precisamente o tipo de ilusão que qualquer um esperaria de um governo que visasse causar boa impressão a fim de atingir seus objetivos (não faço piadinhas sobre características nacionais). A filiação monetária na UE deixa Estados pequenos como o grego com pequena margem de manobra durante crises mais severas; isto é, a Grécia não poderá, dentro das regras, expandir demais o seu déficit, e não poderá desvalorizar sua moeda para tornar as exportações (que são geradas com baixa eficiência) mais atraentes para os compradores estrangeiros. Caso tentasse deixar a União e reinstituir a moeda nacional, não haveria só uma imediata e colossal fuga de capital e uma interrupção por um bom tempo de investimentos estrangeiros, mas o país ainda teria uma grande dívida a pagar, e fixada em euro (ele já é obrigado a pagar 2,5% por ano a mais em juro em sua dívida em euro do que a Alemanha, tamanho é o risco de inadimplência), e teria de enfrentar a ira de seus parceiros europeus – muitos dos quais estão no mesmo barco e talvez se vejam em breve forçados a deixar a união monetária, fazendo que todo o edifício desmorone, e sabe lá com quais repercussões internacionais. A única solução para a Grécia não entrar em conflito com outros países seria a redução do seu nível de consumo, a fim de se enquadrar em rígidas obrigações financeiras, mas isso dificilmente seria aprovado por uma população que já acredita ter sido injustamente empobrecida por políticos corruptos e venais, os quais dividiram a economia como se fosse um bolo a ser devorado entre eles e seus associados, empanturrando-se dos esforços nacionais. A Grécia está sobrecarregada de decepções e pronta para ter acesso exatamente ao perfil mais alarmante em situações de conflito social: jovens universitários recém-formados e desempregados que acreditam ter sido excluídos das oportunidades que a sua educação asseguraria, e que, quando frustrados, adotam as mais extremas ideologias.[7] Se a Grécia nunca tivesse aderido ao euro, talvez os seus dilemas fossem bem menos intensos, e a sua margem de manobra seria maior.[8]

De qualquer forma, parece-me claro que não existe um bom argumento a favor de um superestado europeu com base na lógica da prevenção de

---

[7] Aqui, é importante destacar que o que conta não é o padrão de vida absoluto que as pessoas desfrutam, tampouco a diferença entre o presente e o passado, mas a diferença entre o que se tem e o que se espera. Qualquer um que olhe para as fotos dos distúrbios na Grécia em 2009 poderá perceber – ou pode já ter percebido – que os agitadores estavam todos bem-vestidos, bem alimentados e saudáveis. De fato, a Grécia apresenta uma das expectativas de vida mais altas do mundo. A geração dos agitadores representa a geração a desfrutar, de longe, os melhores padrões sociais de toda a história da Grécia. No entanto ninguém com um pouco de conhecimento sobre si mesmo e sobre as suas frustrações, para não falar da natureza humana em geral, esperaria que esse fato exercesse um efeito de contenção sobre o vandalismo moralista dos agitadores.

[8] Não estou aqui fazendo quaisquer previsões pontuais. Fazer tal coisa depois de ter ridicularizado a previsão de Bertrand Russell seria no mínimo presunçoso. Falo apenas em plausibilidades.

potenciais conflitos bélicos na Europa, e existem razões para acreditar que um Estado como esse de fato aumentaria a probabilidade de um conflito, uma vez que parece improvável que os países mais avançados ou previdentes da Europa vão continuar eternamente dispostos a pagar o custo dos países mais atrasados ou imprevidentes. Tampouco é provável que num futuro próximo os países-membros se equilibrarão em relação à visão e condução de suas políticas econômicas. Como a resposta da formiga na fábula de La Fontaine *A Cigarra e a Formiga* (um pequeno poema que contém todos os princípios mais valiosos em política econômica), na qual a cigarra que cantou durante todo o verão pede um empréstimo ao descobrir que nada lhe resta para comer no inverno, os países previdentes vão acabar recorrendo à seguinte resposta:

> Então, você cantou? Fico feliz.
> Muito bem! Agora vai dançar.

E as portas do inferno serão abertas.

Qual é o significado de tudo isso?

Parece-me bastante improvável que os fundadores da União Europeia, os quais, afinal de contas, eram pessoas inteligentes e experientes, realmente acreditassem que sem essa entidade outra guerra eclodiria na Europa, como se fosse uma doença infecciosa contra a qual exista apenas uma imunidade parcial e temporária. Logo, os reais motivos devem ter sido outros. Mas quais?

Em contraposição aos motivos declarados, os motivos reais são sempre uma questão de conjectura e não podem ser categoricamente provados. Da mesma forma que as ordens para a execução de um genocídio, eles são raramente determinados em letra impressa, de modo que nos resta somente especular sobre a sua natureza. Faltam-nos provas empíricas, mas caso pensássemos somente em função daquelas coisas cuja presença empírica estivesse disponível, as nossas mentes ficariam vazias durante a maior parte do tempo. Assim sendo, aqui vai.

A França e a Alemanha foram os poderes centrais, os movedores imóveis do projeto, por assim dizer, mas as suas motivações, embora interconectadas e complementares, eram diferentes.

Os alemães tinham uma identidade e um passado que precisavam desesperadamente esquecer. Ao atuarem como os mais fanáticos e impiedosos nacionalistas da história do mundo, eles desejavam, doravante, se misturar num contexto de nações, numa espécie de *macédoine de nations*, uma salada de nações. Somente assim poderiam provar que tinham realmente mudado, que não mais acreditavam que formavam a única nação historicamente consistente e que não mais compreendiam aqueles cujas botas pisariam sobre os cadáveres de outras nações. Lembro-me de certa ocasião em que conheci uma pessoa num café. Durante a conversa, perguntei-lhe qual seria a sua nacionalidade, e o sujeito me respondeu: "Sou europeu". Era claro, pela sua pronúncia, que ele era alemão; refiz a pergunta: "Sim, mas de onde você é?". "Sou europeu", ele insistiu, como se ele fosse um desses artigos em cuja etiqueta se lê "Made in the UE". Duvido que alguém que não fosse alemão tivesse respondido dessa forma.

Os franceses tinham uma motivação distinta. O seu país, como todos os países europeus, exceto a Rússia, fora reduzido a um *status* secundário na escala do poder mundial. Eles eram suficientemente realistas para compreender que não haveria nada que poderiam fazer a respeito: o seu território era simplesmente muito pequeno, assim como sua população, para que pudessem competir com os Estados Unidos ou com a União Soviética (na época). Porém, semelhante à mentalidade do general de Gaulle, eles ainda alimentavam a ideia de uma grande França, incluindo sua importância mundial e seu significado para toda a humanidade.[9]

[9] Cf. o ditado de que cada homem tem duas pátrias, a sua e a França. Esse ditado não é, contudo, totalmente ridículo. Os holandeses e alemães têm outro ditado: "Viver como um deus na França". Mais de meio milhão de britânicos já compraram casa na França (e um número muito maior faria o mesmo caso pudesse); e a França é de longe o destino turístico mais popular do mundo. Não existe um único campo importante dos esforços humanos no qual os franceses não tenham alcançado excelência e com o qual não tenham contribuído de maneira ampla, apesar de seu proporcionalmente pequeno território e sua pequena população,

Seria possível encontrar a quadratura desse círculo por intermédio de uma aliança estreita com a Alemanha. A energia, a inteligência e a disposição com as quais os alemães haviam reconstruído sua economia depois da guerra ficaram rapidamente evidentes para todos (até hoje, a Alemanha é o maior exportador do mundo). A França poderia se apropriar desse *Wirtschaftswunder* (milagre econômico) a fim de assegurar a permanência de sua importância mundial, pois se sabia que os alemães, graças à sua história recente, permaneceriam politicamente passivos por um bom tempo. No final das contas, em decorrência das dinâmicas mundiais, mesmo a união com a Alemanha não foi suficiente para que a Europa tivesse de fato relevância na alta esfera do poder mundial, já que ela teria de se expandir. Isso impunha o risco de diluição da influência francesa dentro da União que criara, portanto, as quadraturas dos círculos não puderam ser facilmente estabelecidas.

Como e por que a União criada a fim de servir aos propósitos conjuntos de Alemanha e França veio a ter vida própria, capaz de comandar a fidelidade dos políticos – exceto alguns tipos indomáveis irrelevantes – de toda a Europa? Isso apesar das evidentes absurdidades da organização e do fato de que em muitas ocasiões ela agiu contra os interesses nacionais dos países que a compõem.

A União Europeia como um fundo de pensão

Creio que a resposta seja óbvia: a União Europeia funciona como um gigantesco fundo de pensão para políticos defuntos, os quais ou não conseguem ser eleitos em seus próprios países ou já estão muito cansados para tentar. É uma forma de os políticos permanecerem importantes e poderosos no centro de uma rede clientelista, depois de terem sido derrotados ou de perder a disposição para passar pelos rigores do processo

para não falar de seu famoso *savoir vivre*. O recente sentimento antifrancês nos Estados Unidos é ao mesmo tempo grosseiro e estúpido, tão ridículo quanto sua contrapartida: o antiamericanismo.

eleitoral. Uma das características da moderna vida política é a sua profissionalização, de modo que ela atrai, principalmente, um tipo de pessoa com tamanha avidez por poder e autopromoção que não se importa de ter que passar pelas humilhações provocadas pela exposição pública, às quais essa pessoa ficará inevitavelmente sujeita.[10] Esse tipo de pessoa se parece cada vez mais com Lloyd George, o primeiro-ministro britânico. Certa vez foi perguntado a John Maynard Keynes como ele poderia descrever Lloyd George sozinho num cômodo. "Quando Lloyd George está sozinho num cômodo", respondeu Keynes, "não há ninguém lá." Parece que cresce a quantidade de pessoas com esse perfil, as quais derivam o seu senso de identidade exclusivamente de um público ou uma plateia, preferivelmente de milhões de pessoas.

Ninguém morde a mão que o alimenta, tampouco aquela que poderá alimentá-lo daqui a algum tempo, num futuro breve, e especialmente quando existem mãos tão generosas como as da União Europeia. É possível identificar um sujeito que come na mão da UE a um quilômetro e meio de distância. Por longo tempo esse sujeito vê o mundo pelos vidros de limusines oficiais, almoça e janta fartamente durante muitos anos (nunca com o próprio dinheiro, é claro) e desenvolve uma *langue de bois* toda especial, na qual fraseados gramaticalmente solenes são cuidadosamente pontilhados com palavras de conotação positiva, tornando difícil qualquer argumentação contrária. Este é um tipo de sujeito que desenvolveu aquele semblante cínico, típico dos antigos membros do Politburo soviético. É lamentável,

---

[10] Isso explica o motivo pelo qual se percebe na Grã-Bretanha uma crescente diminuição do número de políticos com sentimento de honra. Não há mais algo como renunciar ao cargo em nome do bem público e cair em desgraça depois de ter sido pego com a boca na botija, ou coisa do gênero. A renúncia dura somente até diminuir a sensação e o furor causados pelas revelações dos atos ilícitos; depois dos quais, o público, mais uma vez distraído por milhares de outras sensações e escândalos, simplesmente esquecerá o que se passou. Então, o político voltará sorrateiramente ao cargo. Com toda a cara de pau e de cabeça erguida, ele não se sentirá em desgraça, apenas incomodado. Na melhor das situações, ele agirá como se estivesse em desgraça, mas apenas durante o mais breve período possível, e apenas para causar impressões.

mas parece que há um grande número de voluntários – a maioria medíocres, é claro – para esse tipo de vida. Para essas pessoas, essa seria a forma eminentemente preferível de ganhar a vida.

Como consequência, mesmo aqueles que começam com uma predileção contrária ao projeto europeu logo descobrem, depois de um ou dois reembolsos, que afinal de contas a coisa não é tão ruim assim. E qual político carreirista poderia se opor completamente a uma organização de políticos e burocratas cujos orçamentos nunca foram aprovados pelos auditores? Esperar que os políticos abolissem uma organização tão esplêndida em benevolências para a sua classe seria o mesmo que ver uma federação de açougueiros votar pela implantação do vegetarianismo compulsório.

8. Por que somos assim (3)?

Além de frequentar de graça os excelentes restaurantes de Bruxelas, uma das grandes atrações do projeto europeu é certamente conseguir se inserir no mundo do poder – afinal de contas, trata-se de desenvolver um superestado, o qual seria equivalente aos Estados Unidos ou à China. O poder em questão não é ligado à autodeterminação, ou seja, de viver o máximo possível da forma como se escolheu viver, mas é um poder ligado à manipulação de outras pessoas, no sentido de dominá-las, sobrepondo-se aos seus cálculos e controlando as suas decisões. Isso está comumente presente no pensamento daqueles que apoiam o projeto, os quais se sentem humilhados e irritados ao ver a Europa reduzida à insignificância internacional (na questão do poder) no exato momento em que chegaram ao poder, já que os seus antecessores governaram o poleiro do mundo por tanto tempo. Eles sabem que seriam muito mais importantes caso tivessem nascido cem anos atrás.

Um excelente exemplo disso pode ser visto num artigo de 26 de março de 2009, publicado no jornal britânico progressista *The Guardian* e escrito pelo articulista político Timothy Garton Ash. O título já indica o tom: "Uma grande potência estará ausente da reunião de cúpula do G20 em Londres. Adivinhe quem?". O argumento girava em torno da ideia de que o poder mundial não é apenas desejável, mas vital para nosso bem-estar, porque "Se prosseguirmos dessa forma [isto é, desunidos], nós europeus teremos escolhido não nos apoiar mutuamente – e terminaremos encontrando apoio separadamente". O óbvio conceito de que, caso todos fiquemos juntos e escolhamos a política errada (numa época em que, como todos sabem, ninguém é capaz de dizer qual seria a política correta), então estaremos todos no mesmo barco furado, parece não ter ocorrido ao articulista. Pessoas que normalmente recorrem a ditirambos à mera menção de diversidade parecem não perceber que aqui temos uma ocasião em que a diversidade pode realmente, por experimento, ter muitas lições importantes a nos ensinar. A desunião pode representar mais uma vantagem do que uma desvantagem. Somente uma obsessão com o poder, visto como um bem em si mesmo, poderia ter impedido um homem inteligente como Garton Ash de perceber isso.

De qualquer modo, parece-me improvável que o desejo da elite política europeia por poder e influência mundiais será repassado a qualquer parte considerável da população dos países europeus, e que um senso genuinamente europeu de identidade se desenvolverá além de seu rudimentar e morno estado atual. O entusiasmo pela Europa permanecerá estritamente uma questão racional, e não do coração.[1] Tão logo os primeiros problemas mais sérios apareçam, como recentemente eles apareceram (para colocar a coisa de forma amena), os líderes reagirão segundo os seus interesses

[1] A prova disso foi um discurso do primeiro-ministro britânico, Sr. Brown, para o Parlamento europeu. "É graças ao trabalho de todos vocês e das gerações cujos trabalhos damos continuidade que podemos desfrutar de uma Europa de paz e união, que certamente estará entre as mais grandiosas realizações humanas." Ele prossegue: "Então, estou hoje aqui orgulhoso por ser britânico e orgulhoso por ser europeu, representando um país que não se vê como uma ilha ao lado da Europa, mas como um país no centro da Europa, não à margem, mas no fluxo central." Como se tudo isso já não fosse suficientemente ruim, ele continua: "Então, que seja dito de nós que, nos piores momentos, nas mais profundas retrações, mantivemos nossa fé no futuro e, juntos, reformulamos e renovamos a ordem mundial de nosso tempo". Isso se assemelha a um sujeito com síndrome de Asperger que tenta imitar alguém com sentimentos humanos normais, ou talvez seja apenas um *apparatchik* tentando ser grandiloquente. Duvido que qualquer pessoa arriscaria grande coisa em nome da Europa do discurso do Sr. Brown.

nacionais. Logo depois de uma acentuada queda no comércio de veículos, houve uma indignação generalizada entre os burocratas europeus quando o presidente francês Nicolas Sarkozy acenou efetivamente para que a montadora francesa Renault repatriasse a sua produção, alocada em outros países europeus. Isso, diziam os burocratas, seria contra as regras europeias. Da Renault, uma empresa francesa, esperava-se, especialmente por esta precisar de auxílio estatal, que estabelecesse suas fábricas segundo critérios comerciais, e não patrióticos ou políticos.

Fazendo o melhor para os seus eleitorados

Esse caso ilustrou a contradição no coração da União Europeia. Essa organização requer obediência conforme regras que não tiveram nenhuma supervisão democrática, muito menos uma sanção, e às quais ninguém é capaz de sinceramente subscrever (da mesma forma que o Banco Europeu poderia, em teoria, estabelecer um juro que não se conformasse às necessidades econômicas de nenhum país). O Sr. Sarkozy foi eleito presidente da França, portanto, foi-lhe concedido um mandato eleitoral para que protegesse e promovesse os interesses da França, e não de outro lugar. Se o encorajamento que deu ao repatriar os empregos da Renault de volta para a França e desviar as demissões para outros lugares realmente serviu ou não aos interesses da França no longo prazo é, sem dúvida, uma questão suscetível a mais de uma resposta; de qualquer forma, posso certamente pensar em mais de uma resposta para essa questão, mas acho que provavelmente a grande maioria de seus conterrâneos – os seus eleitores – aprovou a sua decisão. Caso o Sr. Sarkozy tivesse se mostrado indiferente aos lugares onde a Renault contratasse a sua mão de obra, ele ficaria exposto a uma série de acusações, incluindo falta de patriotismo e uma recusa antidemocrática de respeitar os sentimentos e desejos de seus eleitores. Esses eleitores certamente não pensaram "Esses pobres metalúrgicos eslovacos que trabalhavam para a Renault são companheiros europeus cujo bem-estar me preocupa da mesma forma que me preocupa o bem-estar dos meus conterrâneos franceses, portanto, penso que as demissões também deveriam ocorrer na França. De fato, seria melhor que fosse na França, uma vez que o auxílio-desemprego na França é muito mais generoso que o da Eslováquia, logo, a quantidade de europeus a sofrer seria menor caso as demissões fossem na França". Certamente alguém, em algum lugar na França, poderia pensar assim; mas eu duvido que fosse possível encontrar alguém que realmente sentisse a coisa dessa forma.

Em outras palavras, em situações nas quais for preciso tomar decisões duras, feitas genuinamente em nome do interesse europeu, em vez de em nome de qualquer um dos países específicos que compreendem a Europa, as decisões violentarão os sentimentos reais e espontâneos de muitas pessoas nesses países. E, em última instância, isso criará um campo fecundo para a germinação do tipo de ressentimento com o qual nós europeus já estamos mais do que suficientemente familiarizados. Nos primeiros dias da recessão, houve greves sem aviso em várias partes da Grã-Bretanha (por algum tempo, a economia mais aberta da Europa) contra a contratação de mão de obra da União Europeia nas refinarias de petróleo e na construção civil, embora, supostamente, exista um mercado de trabalho perfeitamente aberto por toda a UE. Quando há pleno emprego e uma economia em expansão, essa liberdade de emprego não se torna um problema, além dos atritos ocasionais gerados pela proximidade entre grupos culturalmente muito distintos de pessoas; mas num momento de crise em que, uma vez mais, a economia passe a ser vista como um jogo de soma zero, no qual a garantia da minha parte corresponde à privação da parte de outro, e vice-versa, profundas paixões xenofóbicas tenderão a florescer.[2]

Mesmo no melhor dos tempos, nos quais aparentemente não vivemos no momento, o apelo ao projeto europeu, de um superestado a rivalizar

[2] Não estou dizendo que uma economia moderna seja em algum momento um simples jogo de soma zero, apenas que isso tende a parecer dessa forma durante períodos de recessão, depressão e queda no ritmo econômico. Talvez seja pedir demais a um mero metalúrgico que, em tempos de crise, ele não acredite nisso; e na política, o que as pessoas de fato acreditam é tão importante quanto, ou mesmo mais importante, do que aquilo que elas deveriam acreditar, caso fossem completamente racionais.

com os Estados Unidos e a China, não seria suficiente para gerar uma consciência pan-europeia, ou seja, uma lealdade duradoura que substituísse as atuais lealdades e os sentimentos nacionais. Em tempos difíceis, quando a vida econômica se parece mais com uma guerra, as chances de desenvolver uma lealdade desse tipo são, então, nulas.

Um experimento contra a realidade

Contra essa realidade elementar, o plano europeu de dividir até mesmo países como a Inglaterra em "regiões" está destinado ao fracasso, onde assembleias regionais servirão supostamente ao objetivo de reduzir o sentimento nacional e, dessa forma, promover a causa do que alguém poderia chamar de centralização federativa europeia, ou (para usar um termo mais emotivo) *Gleichschaltung* [uniformização]. Contudo mesmo esquemas destinados ao fracasso podem causar grande devastação antes de sua derrocada final.

9. Por que somos assim (4)?

Vimos que nem a religião real tampouco a religião secular incutida e propalada de forma tão eficiente pelos Pais Fundadores dos Estados Unidos sobre o corpo dos cidadãos daquele país podem fornecer, ao homem europeu, o senso de transcendência pessoal que parece ser necessário para uma vida realizada. E o patriotismo comum? Num país em que o patriotismo seja disseminado, mesmo o mais humilde dos cidadãos pode compartilhar uma porção de seu orgulho. O sujeito pode ser um simples carteiro, mas ele estará contribuindo para as que engrenagens de uma grande nação possam girar.

Patriotismo e os seus descontentes

O patriotismo comum pode ser impulsionado por um grande número de situações ou fatores. A grandeza ou a importância de um país podem promovê-lo; um sentido de opressão nacional, perigo ou inimizade também pode fazê-lo; ou um sentimento de que o país é em certo sentido especial ou único. Não é preciso dizer que, quando em excesso, o patriotismo pode se tornar jingoísmo, arrogância, xenofobia e beligerância; o respeito próprio se torna empáfia, e o amor pela pátria se traduz em ódio pelos outros lugares. Como acontece a todas as outras virtudes, o patriotismo, quando levado ao extremo, se torna um vício; mas isso não significa que o patriotismo seja incompatível com o respeito aos outros.

A famosa observação do Dr. Johnson, ao dizer que o patriotismo é o último refúgio do canalha, é frequentemente citada como um argumento contra o patriotismo,[1] mas o seu sentido é erroneamente interpretado. Certamente, não havia um homem mais fervorosamente inglês do que o doutor: de fato, ele é frequentemente tido como o epítome do inglês. Ele não disse que o patriotismo seria um equívoco, mas que um canalha não teria escrúpulos em proclamá-lo a fim de levar adiante os seus esquemas e argumentos desonestos.

Não obstante, o patriotismo sempre gerou muita crítica na Europa dos últimos cinquenta anos ou mais e foi considerado o criador do grande desastre histórico. Bertrand Russell o desprezava sob o princípio de que, para a maior parte das pessoas, o país ao qual se está ligado é um acidente de nascimento, de onde se supõe que um entusiasmo só seria válido por aquilo que fosse livremente escolhido, sem a intervenção de circunstâncias fortuitas (como se houvesse ou pudesse haver escolhas como essas). Aqui temos a sua caracterização de patriotismo no ensaio *An Outline of Intelectual Rubbish* [Um esboço do lixo intelectual]:

> Caso ele seja um inglês, exortará Shakespeare e Milton, ou Newton e Darwin, ou Nelson e Wellington, segundo o seu temperamento. Caso seja francês, ele se congratulará com o fato de que durante séculos a França liderou a cultura mundial, a moda e a culinária. Caso seja russo, ele refletirá que pertence à única nação do mundo que é verdadeiramente internacional. Se for um iugoslavo, ele se gabará dos porcos de seu país; caso seja um nativo do Principado de Mônaco, ele se jactará de liderar o mundo na esfera da jogatina.

Dessa forma, o patriotismo é ridicularizado, embora fique evidente que o retrato que Russell (um inglês) confere ao patriotismo inglês parece

[1] As citações de fato fornecem argumentos ou evidências ou são meros apelos de autoridade? De qualquer forma, todos nós as usamos para fortalecer os nossos argumentos.

um tanto mais sério em suas empolgantes matrizes do que o das outras nações. Talvez, seja um preconceito barato observar que a adoção de Russell de uma filosofia empirista tenha algo a ver com o lugar onde ele nasceu. Se tivesse nascido em outro lugar, talvez fosse um idealista ou mesmo um animista. Não é preciso dizer que essa consideração não afeta a avaliação que se faz de sua filosofia.

Como se refuta um riso de desdém?, perguntou o arcebispo Paley ao relato que fez Gibbon sobre o surgimento e o triunfo do cristianismo. Já viajei por muitos países e encontrei motivos para o florescimento do orgulho nacional em quase todos eles; eu mesmo me tornei patriótico em nome de alguns desses países sem perder nenhuma ligação com a minha própria terra e minha cultura natal (profundamente rebaixada como agora talvez tenha se tornado).

Contudo, na Europa, os argumentos contra o patriotismo são convincentes, embora não necessariamente fortes. Eles derivam, é claro, de sua história. Nada é mais fácil do que narrar a história europeia por meio de suas guerras e catástrofes humanas. A astuta autora americana Claire Berlinski fez precisamente isso em seu livro *Menace in Europe* [Ameaça na Europa], no qual ela apresenta uma lista das guerras europeias que ocupa uma página inteira. Antes de relacionar a lista, ela escreveu o seguinte:

> [A irmandade europeia] é bastante comovente considerando-se que substitui, século após século de ininterruptos massacres e chacinas entre os povos europeus, uma tradição de guerras ininterruptas desde o saque de Roma.

Nada além de (ismo)

O termo "ininterrupto" insinua que, na história da Europa, não haveria nada de significativo além de guerras e massacres. Caso seja verdade, não haveria nada do que se orgulhar, nada que valesse a pena preservar na cultura ou na tradição que deu origem a esse estado generalizado de guerra ou massacre. De fato, a cultura e a tradição seriam matrizes de guerra e massacre, e nada mais.

Como afirmação factual isso é um completo absurdo, é claro. Não é necessário e, de fato, não é possível negar a parte desempenhada pelas guerras civis na história europeia, mas sugerir que nada mais houve de significativo é simplesmente uma tolice, como seria uma tolice sugerir que a história dos Estados Unidos nada mais fosse do que a história de suas intervenções militares na América Latina. A maioria das guerras listadas pela autora não afetou a maior parte da Europa, e caso guerra e massacre tivessem de fato representado a esmagadora e ininterrupta experiência dos europeus, seria difícil entender como eles conseguiram criar tudo o que criaram.

É claro, a importância não é uma qualidade natural; é a qualidade que uma mente qualquer atribui aos fatos, em vez de ser uma qualidade inerente aos próprios fatos. Se alguém diz que não encontra na história europeia nada de importante a não ser as guerras, essa pessoa tem o direito de fazer isso; talvez seja uma pessoa que considere a ausência de guerras como o bem maior. Entretanto isso deixa o terreno aberto para que outro diga que não há nada de importante na história europeia a não ser a sua glória artística, ou o seu progresso agrícola, ou seja lá onde estiver calcado o entusiasmo da pessoa, desconsiderando as guerras como epifenômeno e sem um valor real. Nada é mais fácil do que escrever uma história de um conjunto humano descrevendo-o como sucessão de crimes e insensatez.[2]

Problemas do passado

Seja lá qual for a abordagem correta e equilibrada da história, restam poucas dúvidas de que a Europa tem hoje um problema com a sua, e isso

[2] "É um fato curioso e doloroso", escreveu Russell em *An Outline of Intelectual Rubbish*, "que quase todos os tratamentos completamente fúteis em que as pessoas acreditaram durante a longa história da insensatez médica eram feitos de forma a causar agudos sofrimentos aos pacientes." Recentemente, eu resenhei um livro sobre história da medicina que destacava inúmeros erros e absurdidades dos médicos. Isso é perfeitamente legítimo e de fato instrutivo como um alerta contra a adoção muito entusiasmada de ideias heterodoxas, desde que essa história não seja apresentada como a única e exclusiva – a verdadeira – história da medicina.

tem efeitos profundos, por vezes subliminares. A Europa deixou de ter uma confiante e presunçosa visão de si mesma e passou a ter uma visão degradante (mas que não está desprovida, como veremos, de aspectos de autoengrandecimento). Todavia isso não ocorre por causa de "ininterruptas guerras desde o saque de Roma", uma situação que se verificou perfeitamente compatível com os longos períodos de elevada autoestima, mas que ocorre em função dos acontecimentos do século XX. (Aliás, nem vou considerar a questão de que na Ásia ou na Mesoamérica teríamos uma história mais tênue das guerras do que na Europa.)

Antes da eclosão da Primeira Guerra Mundial, durante mais ou menos cem anos, a Europa não experimentou uma guerra pan-europeia. Houve guerras em abundância, é claro, cuja lista preencheria uma página inteira, especialmente se incluirmos os conflitos coloniais. Não obstante, a Europa gozou de uma paz generalizada nesse período, quando também houve progresso e prosperidade crescentes, quando tudo isso parecia ser "natural", como se tivessem sido ordenados na própria natureza da civilização europeia, a qual conferia a si mesma o mais alto galardão da realização humana.

A autoconfiança que fez com que os europeus colonizassem e governassem boa parte do mundo foi irremediavelmente despedaçada pela Primeira Guerra Mundial. Houve, sem dúvida, premonições de uma crise de confiança nos círculos artísticos e intelectuais antes da guerra, onde a visão de mundo newtoniana fora rompida, e um conflito daquela magnitude não poderia se concretizar sem um respectivo preparo intelectual e material. No entanto a exposição de um universo de paz, racionalidade, avanço material, conforto crescente e refinamento, como se encontra descrito nas memórias de Stefan Zweig em *O Mundo que Eu Vi*, permanece verdadeira. A Europa era o centro do mundo, moral e intelectualmente, e em sua própria opinião, de forma merecida e permanente.

Os meios pelos quais a Primeira Guerra Mundial destruiu a autoconfiança dos europeus não são tão simples e diretos como por vezes é descrito. A maior parte das pessoas pensa que essa guerra, que matou e aleijou milhões de pessoas, foi um conflito intrinsecamente sem sentido, e que foi assim percebido na época. Isso teria levado, obviamente, a um completo desencantamento com os líderes, os quais, em função de sua pura incompetência, cegueira e insensatez, tinham causado a guerra; e, além disso, que a cultura da qual essa guerra seria apenas uma manifestação também deveria ser condenada. Aqui não seria o lugar para definir se a guerra foi ou não "realmente" sem sentido.[3] Da mesma forma que acontece com a importância, o sentido dos fatos não se encontra nos próprios fatos, mas na mente que os avalia. Se os alemães pretendiam assegurar uma dominação mundial, e, caso assim fosse, se teria sido esse o verdadeiro motivo pelo qual a Grã-Bretanha, a França e a Rússia entraram na guerra com a Alemanha, estas são questões para os historiadores. O importante aqui é saber se a população da Europa via a guerra como uma "insensatez".

Ao menos aos vitoriosos, a guerra não pareceu insensata em si mesma, e a desilusão não foi imediata. Os memoriais de guerra encontrados por toda a França são tributos à perda, mas não à falta de sentido. Os soldados realmente morreram pela França, ou ao menos quase todos pensaram dessa forma; na Grã-Bretanha, meu vizinho que mora ao meu lado, que coleciona moedas e medalhas, mostrou-me algumas medalhas da Primeira Guerra Mundial que foram entregues aos sobreviventes, como a de um jovem atlético nu montado num cavalo e brandindo uma espada, como se fosse um São Jorge da época prestes a matar o dragão. Uma das medalhas continha a inscrição "A Guerra para Salvar a Civilização". Duvido que essas medalhas fossem recebidas com desprezo; pois uma coisa é certa, elas não teriam sido preservadas com tanto cuidado caso tivessem. Recentemente, ao vasculhar as estantes de uma livraria, encontrei um livro publicado em 1918 cujo título era *The Romance of War Inventions*. Tratava-se de uma tentativa de estimular o interesse dos garotos pela ciência ao explicar como granadas, morteiros, tanques, entre outras coisas, foram desenvolvidos e como funcionavam. Na época de

[3] Nas coletivas de imprensa em que os chefes de polícia fazem os seus primeiros comentários sobre um assassinato, eles frequentemente dizem "Esse foi um assassinato particularmente cruel e absurdo [ou desnecessário]" – como se houvesse assassinatos sensatos e necessários.

sua publicação, milhões já haviam perecido na guerra, e certamente, na época, não havia ninguém na Grã-Bretanha que não conhecesse alguém que já houvesse morrido no conflito ou, ao menos, alguém cujo filho ou irmão tivesse perecido nos campos de batalha. Parece-me improvável que uma publicação como essa teria visto a luz do dia numa atmosfera de cinismo generalizado a respeito da guerra.

Uma mudança de significado

A versão da Primeira Guerra Mundial que é hoje quase universalmente aceita como "verdadeira" é a dos autores desiludidos, homens e mulheres do final das décadas de 1920 e 1930. A guerra, segundo essa versão, não fora lutada por nada que valesse a pena, e fora causada por políticos imbecis, prolongada por generais estúpidos e glorificada por patriotas tolos. Desconsiderando a justificativa dessa visão – e por certo existe algo nela –, algumas das pessoas que a propagaram não representaram fielmente os seus próprios sentimentos a respeito da guerra na época. Vera Brittain, proeminente pacifista que escreveu um livro de memórias intitulado *Testament of Youth*, publicado em 1933, relatou que o seu irmão, e outros como ele, fora morto "a fim de limpar a barra de um secretário de assuntos externos que comprometera o seu país numa política armamentista sem antes consultar a sociedade", contudo, sem mencionar, em primeiro lugar, que fora ela que encorajara o seu irmão a se alistar, contra a vontade do próprio pai, e que, um dia antes de a Grã-Bretanha declarar guerra, ela escrevera em seu diário "o grande temor agora é que o nosso desastrado governo declare a neutralidade da Inglaterra". Ela alegou, em seu livro de memórias, que ficara tão traumatizada com o que vira ao trabalhar como auxiliar próxima da linha de frente de batalha que, depois da guerra, estava acabada, e foi incapaz de aproveitar o seu tempo em Oxford. No entanto os seus escritos pessoais mostram exatamente o inverso, que foi uma época alegre. De forma semelhante, os mais famosos memorialistas da guerra revisaram as suas experiências, e um deles se esquece de que escreveu os seguintes versos:

All that man might ask hast thou given me, England,
Yet grant thou one thing more:
That now when envious foes would spoil thy splendour,
Unversed in arms, a dreamer such as I,
May in thy ranks be deemed not all unworthy,
England, for thee to die...[4]

Houve muito mais versos como esses, na verdade, durante um bom tempo, alguns mais influentes no imaginário popular do que os versos dos poetas contrários à guerra. O clássico de André Maurois, um relato ficcional de sua época como oficial enviado do *front* ocidental ligado ao exército britânico, *Les Silences du Colonel Bramble*, escrito e publicado próximo ao final da guerra, certamente não transmite qualquer percepção de futilidade ou absurdidade diante da guerra, apesar de todos os horrores que Maurois deva ter presenciado. Não existe qualquer razão para pensar que Maurois não fosse perfeitamente sincero em sua admiração pelos membros do exército britânico, os quais ele retratava na época (entre os quais havia o doutor O'Grady, um oficial médico do regimento que era um irlandês sem qualquer traço de nacionalismo irlandês).

Em outras palavras, a desilusão que veio à tona não foi provavelmente uma consequência direta e espontânea da guerra, mas o resultado de uma reflexão intelectual sobre o seu significado. Isso não quer dizer que essa reflexão fosse incorreta, ou de qualquer modo mais incorreta do que a visão de que a guerra fora travada para salvar a civilização; não existe razão para pensar que uma reconsideração dos eventos não pudesse levar a diferentes conclusões sobre o significado daquela guerra, diferentes daquelas que foram originalmente concebidas.[5] O aspecto danoso não é a

[4] Em português, uma tradução livre ficaria assim: Tudo o que um homem precisa você me deu, Inglaterra, / E peço que me conceda mais uma coisa: que, agora, quando inimigos invejosos querem roubar-lhe o esplendor, / Não versado em armas, um sonhador como eu, / Possa ser de alguma forma útil em suas fileiras, / Inglaterra, por você morrerei... (N.T.).

[5] Comigo aconteceu o seguinte. Quando, no fim de 1990, o presidente romeno Ceaușescu foi derrubado, e ele e sua mulher foram executados depois de um

mudança de opinião, mas a falta de reconhecimento de uma mudança de opinião, a pretensão de que a nova avaliação da guerra fora a avaliação feita durante a guerra. Isso significa que essas memórias são, essencialmente, propagandas a defender uma determinada causa, desconsiderando o quão convincentes possam ser.

Contudo, caso sejam propaganda, elas foram ao menos bastante eficientes, pois dentro de um curto período de tempo essa nova visão se estabeleceu como ortodoxia inquestionável. Entre 1929 e 1932, havia pelo menos três peças teatrais, exibidas nos palcos londrinos, a sugerir que aquela guerra fora fútil ou coisa pior. Uma delas, *Journey's End* [O Fim da Jornada], foi escrita por um homem que realmente servira nas trincheiras, R. C. Sherriff (Laurence Olivier fez a sua estreia nessa peça). A trama da peça gira em torno do relacionamento entre Raleigh, um jovem que acabou de sair da escola, e Stanhope, o comandante do pelotão que também frequentara a mesma escola. Stanhope se tornou alcoólatra em função de suas experiências de guerra. No entanto o imaturo Raleigh ainda as vê com um espírito de aventura. Na última cena, Raleigh, depois de ser gravemente ferido, morre e é amparado por Stanhope, que até então somente se irritava com a ingenuidade do rapaz. Enquanto o corpo de Raleigh é colocado numa vala qualquer, Stanhope é obrigado a deixar o lugar para tratar dos assuntos de guerra, e a plateia é tomada por uma melancólica sensação em relação à estupidez da guerra, uma percepção

julgamento sumário, eu, que estivera na Romênia pouco antes de ele ser derrubado e vira a opressão de seu governo, senti uma espécie de euforia. Porém uma prima minha, cujas opiniões eu nem sempre respeito, apontou o que era uma óbvia verdade, que o julgamento fora desonesto e injusto; que uma das acusações, de genocídio, era simplesmente caricata; e que as pessoas, desconsiderando-se quão ruim pudessem ser, não deveriam ser levadas para um pátio interno e lá ser fuziladas como cães. Ela estava obviamente certa; e hoje me sinto envergonhado de ter me entusiasmado com a morte daquele horrível casal. Além do mais, a derrubada se assemelhou mais a um golpe de Estado, o desdobramento de uma conspiração que instalou um antigo capanga de Ceaușescu no poder, do que a uma revolta genuinamente popular – o que não quer dizer que ele não fosse genuinamente detestado pela população, e que não fosse uma figura odiosa.

que fica ainda mais forte diante da nobreza dos personagens, dos quais a guerra tira vantagem.

A segunda peça foi escrita por um homem ao qual normalmente não se associaria uma causa tão séria como uma reflexão sobre os motivos da guerra, Noël Coward. Sua peça, *Post-Mortem*, foi produzida em 1931. Nela, um oficial morto nas trincheiras, John Cavan, retorna ao mundo dos vivos treze anos depois de sua morte, a fim de conversar por um tempo com os seus amigos e conhecidos, para saber como eles estão vivendo. O título é inteligente, pois não trata apenas de um personagem morto que volta, num cenário em que toda a ação é colocada depois de um dos maiores massacres da história, mas um recurso *post mortem* é o último meio para identificar a doença de um paciente morto. Permite que se descubra o que realmente estava errado com o paciente.

John Cavan, proveniente da classe média-alta, logo descobre que a vida, repleta de frivolidades, prossegue normalmente sem ele e sem os seus companheiros mortos na guerra. O seu pai, Sir James Cavan, é o dono de um tabloide, o *Daily Mercury*, que prospera à custa de um patriotismo barato, do tipo que se regozija na guerra e que enxerga um *casus belli* em todo lugar. Numa cena satírica profunda e eficiente, embora óbvia, John comparece a uma reunião no luxuoso escritório de seu pai, da qual também participam a secretária e amante de seu pai, a senhorita Beaver, e a estrela do jornal, Alfred Borrow, um sujeito que pensa e fala no jargão dos tabloides. Borrow de imediato começa a imaginar como será escrita a história do retorno de John do mundo dos mortos:

> Borrow: O filho de Sir James Cavan retorna depois de treze anos! Sua mãe, uma distinta senhora da sociedade, sorriu vivamente ao nosso enviado especial. "Meu filho", ela disse, singelamente. Apenas isso, mas nessas duas palavras a recompensa do amor materno veio à tona.
>
> John (pensativo): Verme, seu verme estúpido!
>
> Borrow: Uma página inteira, nada menos que uma página inteira. Teríamos fotos suas aos dois anos de idade, depois aos oito, e aos treze? Viva os tempos da escola! Então, aos dezessete, alistado para servir, resoluto e viril, um rapaz que responde ao chamado da

pátria. "Vamos para vencer", dirá o filho de Sir Cavan, sorridente. Apenas isso, mas nessas simples palavras quanta riqueza de sentimento, quanto entusiasmo contagiante.

Alfred Borrow prossegue nessa linha, misturando o drama da guerra com as últimas fofocas e dicas de beleza, enquanto John (um fantasma) continua exclamando "Seu rato imundo!" e "Não posso tocá-lo com palavras e golpes, o pesadelo é muito forte!". A impressão que se tem é de que a guerra eclodiu para salvaguardar os interesses do jornalismo sensacionalista, que foi lutada como parte da guerra pela circulação de exemplares.

Então, Lady Stagg-Mortimer se junta ao grupo. Ela também perdeu um filho na guerra, mas parece ter se recuperado muito bem dessa perda. Logo de entrada ela expressa aquilo que devemos considerar como as suas triviais preocupações morais, ou moralistas:

Lady S-M:[6] Como vocês estão? Gostaria de um sanduíche de carne, mas sem xerez. Xerez é o começo do fim.

Pouco depois ela faz um comentário a respeito da senhorita Beaver, a secretária:

Lady S-M: É indecente! Só para despertar o fogo dos homens, é por isso que ela faz isso [mostrar demais o colo]. Eu conheço o tipo, manhosa e sonsa, um tipo em que não se pode confiar [...] Veja a forma como ela mexe o quadril quando anda!

Sir James convida o seu filho para que participe da reunião que ele está promovendo sobre a Grande Guerra:

Sir James: Falemos da Grande Guerra.
Borrow: A Grande Guerra pela Civilização!
Senhorita Beaver: A Grande Guerra pela Liberdade!
Lady S-M: A Grande Guerra por Deus!

---

[6] Eu não sei se, naqueles dias, as iniciais S-M já estavam popularmente associadas ao sadomasoquismo. Certamente, Coward era suficientemente endiabrado para fazer esse tipo de sugestão.

A conclusão é óbvia: tratava-se "na realidade" de uma Guerra por Absolutamente Nada. A fim de ilustrar a forma como o patriotismo gera comportamentos futilmente brutais e antinaturais, Lady Stagg-Mortimer profere o seguinte e breve discurso:

> Lady S-M: As pessoas não imaginam como as mulheres da Inglaterra sofreram, sofreram e sofreram! Entregamos nossos amados, mas com muito orgulho! Entregaríamos novamente... novamente.

No final da cena, John está devastado pela puerilidade e incompreensão daquelas pessoas, as quais sobreviveram e prosperaram depois de terminada a guerra. Então, histérico, ele diz o seguinte, prenunciando a famosa exortação do general Millán-Astray em Salamanca, durante a Guerra Civil Espanhola, *Viva la muerte!*:

> John: Vocês não perceberam que todos os filhos, maridos e amantes que vocês entregaram, em estúpido orgulho, seriam libertados. Libertados, pela Eternidade, de seus ódios, amores e suas desprezíveis orações. Vocês não os teriam deixado partir tão facilmente caso soubessem, teriam? Vocês nunca mais os encontrarão em seus infernos e céus de mentirinha. Vida longa à Guerra. Vida Longa à Morte, à Destruição e ao Desespero!

A terceira peça foi *For Services Rendered* [Por serviços prestados], escrita por Somerset Maugham, inicialmente publicada e encenada em 1932, e foi a última peça escrita por Somerset. Durante a Grande Guerra, Maugham fora um espião do governo britânico em São Petersburgo, uma experiência que ele usou para as suas famosas histórias *Ashenden*; e embora ele estivesse muito consciente das deficiências da cultura britânica, e escolhesse sempre que possível viver na França, ele permaneceu fundamentalmente patriótico – no início da Segunda Guerra Mundial ele chegou a escrever um panfleto de propaganda de guerra (da mesma forma que Coward escreveria o patriótico *In Which We Serve*).

A peça se passa na casa de Leonard Ardsley, o único advogado de um pequeno vilarejo da Inglaterra. Aos 65 anos de idade, ele é um homem bastante convencional em suas crenças, e no final quase comicamente incapaz de compreender a escala dos desastres que recaíram sobre a sua família, sobretudo como resultado da Grande Guerra.

Uma de suas filhas, Ethel, tem um casamento infeliz depois de ser atraída por um oficial por causa de seu uniforme, mas ele revelou ser incompatível com ela; no entanto ela terá que viver as consequências dessa escolha desastrada. A outra filha, Eva, permanecerá solteira a fim de cuidar do irmão, Sydney, que ficou cego na guerra e agora passa o tempo todo em casa, tricotando ou jogando bridge e outros jogos com cartas especialmente adaptadas. Sem saber ou perceber, Leonard Ardsley revela, simbolicamente, como as coisas nunca mais serão as mesmas depois da guerra, pois tanto do ponto de vista histórico quanto cultural uma mudança irreversível foi forjada:

> Ardsley: Pobre Sydney. Isso tudo foi um grande golpe para mim. Esperava que ele seguisse o caminho dos negócios. Hoje, ele já poderia ter tirado muito trabalho de minhas mãos. Paguei bem a minha parte da guerra.

Um dos personagens da peça chama-se Stratton, um oficial da marinha que é dispensado durante cortes depois da guerra e que recebe uma pequena gratificação que ele gasta numa pequena oficina do vilarejo e que, graças à depressão e a sua completa falta de tato como negociante, caminha para a falência. A fim de evitar a falência, Stratton susta alguns cheques e, então, corre o risco de ser preso. Logo depois, ele comete suicídio com uma pistola (fora do palco). Infelizmente, Eva, que perdera o seu noivo na guerra, e demorara anos para superar a perda, apaixona-se por Stratton, embora não seja correspondida; ele representa a sua última esperança de escapar de uma vida voltada a cuidar de Sydney.

Durante a maior parte da peça, o cego Sydney permanece sardônico, mas perto do final ele profere um discurso amargo sobre a guerra que expressa à perfeição a nova ortodoxia:

> Sydney: Eu bem sei o quanto estávamos entusiasmados quando a guerra começou. Cada sacrifício valia a pena. Não falávamos muito sobre a guerra por discrição, mas a honra significava algo

para nós, e o patriotismo não era apenas uma palavra. E, então, quando tudo terminou, realmente pensamos que aqueles de nós que haviam caído não pereceram em vão, e aqueles de nós que se encontravam quebrados e destroçados e sabiam que não teriam mais lugar no mundo se sentiam inspirados pelo pensamento de que, caso tivessem dado tudo o que tinham, pelo menos haviam feito isso por uma grande causa.

Ardsley: E foi uma grande causa.

Sydney: Você ainda acha isso? Eu não. Hoje sei que éramos marionetes de incompetentes e tolos que governavam as nações. Sei que fomos sacrificados em nome da vaidade desses homens, de sua ambição e estupidez. E o pior de tudo é saber que eles não aprenderam nada com tudo isso. Eles continuam o mesmo tipo fútil, ambicioso e estúpido como sempre foram. Fazem trapalhadas em cima de trapalhadas, e um dia desses vão nos botar em outra guerra. Quando isso acontecer, eu vou dizer o que farei. Vou para as ruas e começarei a gritar "Olhem para mim: não sejam uns imbecis desgraçados; é tudo asneira o que eles dizem sobre honra, patriotismo e glória; asneira, asneira, asneira".

Na última cena, Eva enlouquece, recusando-se a aceitar que Stratton se matou, e começa a fingir que ele está vindo até ela para que eles celebrem o noivado e se casem. Ardsley se recusa a notar ou compreender as intensas emoções que envolvem o seu lar e permanece absurdamente complacente:

Ardsley: Bem, devo dizer que é muito bom tomar uma xícara de chá em frente a lareira em companhia da família. Quando se pensa nisso, compreende-se que não há muito com que se preocupar [...] Essa velha Inglaterra nossa ainda não acabou, e eu ainda acredito nela e em tudo aquilo que ela representa.

Por conseguinte, Eva, já enlouquecida, se levanta e canta num ruído agudo:

Deus salve nosso gracioso rei!
Longa vida ao nobre rei!
Deus salve o nosso rei!

E descem as cortinas.

O próprio título da peça não poderia ser mais irônico: esse é o resultado, diz o título, daquilo que se ganha ao se sacrificar pelo patriotismo. O próprio sucesso dessa reavaliação do significado da guerra – aquilo que o geralmente jingoísta *Daily Mail* chamou de "uma magnífica peça", e que o ultraconservador *Daily Telegraph* chamou de "restauração espiritual, e um completo deleite [...]" – tornou muito difícil para os políticos, caso se sentissem tocados, enfrentar a escalada militarista de Hitler, mesmo quando os meios necessários para contê-la ainda eram limitados. Como uma população cujos luminares passaram a aceitar cegamente a avaliação dessas três peças poderia ser convencida de que, agora, outra guerra estava realmente sendo forjada para acabar com todas as guerras? Dessa forma, a reavaliação pacifista da guerra ajudou a tornar inevitável a outra guerra, porém esta seria muito maior e mais terrível.

Se a reavaliação da guerra nos países vitoriosos da Europa[7] pode ser exemplificada nessas três peças, as quais foram o trabalho de homens que não eram, de forma alguma, ideólogos precipitados, como a guerra foi então reavaliada nos países perdedores? Não havia qualquer outra forma de incorporá-la à memória que não fosse uma humilhação à autoestima nacional; e, dessa forma, se alimentou o mito de que o conflito fora uma guerra civil entre os burgueses europeus, o tipo de coisa que seria inevitável até que a revolução internacional do proletariado deixasse as rivalidades nacionais redundantes e mesmo inconcebíveis, ou que a derrota acontecera por causa de uma apunhalada pelas costas por ordem de inimigos internos e traidores. Essa última visão triunfou, e os resultados, sabemos muito bem quais foram.[8]

[7] Na França, Gabriel Chevallier, o autor do humorístico livro *Clochemerle*, escreveu um amargo livro contra a guerra, *La peur*. A enorme influência do livro de Remarque, *All Quiet on the Western Front*, não precisa ser mencionada.

[8] Trata-se da versão antissemita e nazista que imputava a uma suposta elite político-econômica judaica o crime de traição contra a Alemanha durante o final da Primeira Guerra. (N. T.)

Se essa foi a avaliação dos vencedores, qual foi a avaliação dos derrotados?

Na parede do meu estúdio há uma cópia de uma pintura desenhada e assinada pelo grande artista alemão George Grosz no ano em que minha mãe nasceu, em Berlim. O quadro mostra uma cena de rua em Berlim, então empobrecida pela guerra, onde se veem prédios degradados. As pessoas retratadas são um policial, imperturbável e pronto para cometer qualquer injustiça, uma mundana e decadente prostituta, a qual é flertada por um burguês degenerado a fumar um charuto, o seu nariz (como sempre acontece nos retratos que Grosz faz de burgueses degenerados) é macerado; vemos também um pedinte cego, obviamente ferido na guerra, miserável e malnutrido, com sua barba por fazer.

Foi para produzir cenas como essa que a guerra foi travada, e que tantos morreram. No primeiro ato de *For Services Rendered*, Ethel oferece a Sydney o seu braço para que ele a acompanhe num passeio, ao que Sydney responde: "Um centavo para um pobre cego, senhor".

Na Alemanha, a desilusão deu origem a um militarismo doentio; na Grã-Bretanha e na França, a um pacifismo cego.

10. Por que somos assim (5)?

A Segunda Guerra Mundial destruiu a autoconfiança europeia de uma vez por todas. Isso ocorreu por dois motivos, os quais foram sinergéticos em seus efeitos: o primeiro foi a perda local de poder que a Europa sofreu como consequência direta da guerra, e o segundo foi a natureza do comportamento europeu durante o conflito. Depois de terminada a batalha, nenhuma potência europeia emergiu com o seu poder ainda intacto, e as implicações morais da guerra abalaram profundamente as suas respectivas histórias.

O imenso cataclismo não foi apenas o resultado, mas também gerador de uma profunda crise intelectual, psicológica e espiritual. Se uma nação com uma história imemorial de refinamento cultural e distinção em quase todos os campos do empenho humano pôde descer, numa questão de poucos anos, a um absoluto barbarismo industrializado, tudo com base numa teoria que, de tão grosseira e vil, uma mera refutação já representaria uma honra exagerada, qual seria, então, o valor de toda a cultura que antes existira? Se os comandantes dos campos de extermínio escutavam as canções de Schubert e vertiam lágrimas, qual seria o valor das canções de Schubert?[1]

[1] Não faz muito tempo, fui à casa de um vizinho meu, um vendedor de livros antigos, a fim de consultá-lo sobre um problema relativo à costura de um livro do século XVIII que estava comigo. Por ser um grande conhecedor de gravações

Ainda pior, elas não seriam cúmplices ou ao menos precursoras do maior crime da história?

Nada além do (ismo) revisitado

Este ponto de vista, que é psicológica e talvez historiograficamente potente, foi lançado num livro de um historiador americano, Daniel Goldhagen, intitulado *Hitler's Willing Executioners* [Os Carrascos Voluntários de Hitler], publicado em 2000, que foi um grande sucesso não apenas nos países de língua inglesa, mas também na própria Alemanha (onde há uma sede insaciável de culpabilidade como diploma moral), o qual defendia que toda a história alemã não seria nada mais que um prelúdio a anunciar Hitler e sua Solução Final. O nazismo seria a apoteose, ou o *telos*, de toda a história alemã até então; seria possível traçar, retroativamente, as ideias e práticas do nazismo durante a história alemã e ver que o nazismo sempre estivera lá, esperando para nascer como um embrião encubado. Não se poderia mais sequer escutar a

---

raras, ele escutava aquilo que era obviamente uma antiga gravação ("digitalmente remasterizada", como se diz) de um concerto ao vivo no *Winterreise*. É possível escutar o ruído da plateia (tosse, barulho de sapatos raspando no chão) ao fundo do que seria uma primorosa e delicada apresentação. Perguntei ao meu vizinho que apresentação era aquela. Não me lembro, de momento, da cantora, mas ele me disse que a apresentação fora gravada em Berlim em 1943. 1943! O ano de Stalingrado e da mais feroz implantação da Solução Final. Talvez uma das pessoas na plateia a tossir fosse o próprio Goebbels! Isso não seria nada improvável. Eu não sabia o que pensar, como reagir. Será que eu seria capaz de abstrair totalmente a *performance* de suas circunstâncias históricas, nas quais se inseria? Eu não disse nada para o meu vizinho (do qual não tenho a menor suspeita de que nutrisse simpatias nazistas – muito pelo contrário, ele era o epítome do inglês íntegro) exceto um desajeitado "é mesmo?". O fato de ele evidentemente escutar essa apresentação levando em consideração apenas as suas qualidades estéticas deixou-me posteriormente confuso. Esse incidente ocorreu mais de sessenta anos após a apresentação original. Eu ainda não sei como poderia avaliar a coisa.

missa em si menor sem antes pensar em Julius Streicher. Todos os alemães eram girinos do grande sapo Hitler.[2]

De um ponto de vista puramente racional, isso seria despropositado. É claro, qualquer fenômeno histórico tem, necessariamente, seus antecedentes e suas causas. É preciso haver um antes e um depois, e eventos sem causas pertencem exclusivamente ao âmbito da física subatômica, e não ao âmbito da história. Porém a história se desenrola para frente, não para trás, e raramente a previsão de algo é tão detalhada e acurada quanto a sua retrospectiva.[3]

Por exemplo, consideremos o meu avô materno, o qual, no final das contas, teve de fugir da Alemanha e se estabeleceu com sua esposa na China, onde eles morreram.[4] Ele foi um médico que serviu como oficial do exército alemão durante a Primeira Guerra Mundial e era, acredito, um profundo patriota alemão. Teria ele agido assim caso pensasse que toda a história alemã levaria ao regime que o forçou a fugir de sua amada terra natal e que de fato essa história nada mais era que um prelúdio de tudo aquilo? Seria o caso de ele ser estúpido demais, alguém que simplesmente se recusava a ver o que já estava escrito na parede? No caso de uma resposta afirmativa, ele estaria longe de ser o único. Um tio meu, que se estabeleceu na Inglaterra, e que se comportava como patriota sempre que se tratava da Inglaterra, permaneceu, no entanto, ligado à cultura alemã na qual fora criado. Foram as palavras *Finis Austriae* que Sigmund Freud inscreveu em seu diário, no momento em que os capangas nazistas o forçavam ao exílio depois do *Anschluss*, palavras de triunfo e alívio, ou eram palavras de melancolia? Foram completamente desprovidas de sentido as palavras expressas por Thomas Mann, ao chegar aos Estados Unidos, preferindo o exílio a viver numa Alemanha

---

[2] Eu não lembro quem foi que disse que uma das maiores realizações da Áustria seria ter passado Beethoven como austríaco e Hitler como alemão.

[3] Em medicina, chamamos a tendência de se tornar sábio depois do evento como "olhando pelo retrospectoscópio".

[4] Dentre as poucas coisas que acabei por dele herdar estavam duas Cruzes de Ferro que ele ganhara na guerra.

governada pelos nazistas, quando disse "a cultura alemã é onde estou"? Com certeza ninguém pensaria isso.

Independentemente de quão absurda possa parecer certa historiografia sobre a Alemanha, a qual nada enxerga no passado além de um ensaio de um virtual nazismo, ela exerce, não obstante, um poderoso efeito. Quando Adorno disse, depois de Auschwitz, que não poderia mais haver poesia, todos sabiam o que ele queria dizer, embora, em seu sentido literal, a frase não fosse mais verdadeira do que dizer que depois de Auschwitz não poderia mais haver *marrons glacés*. Não somente poderia haver, mas havia; talvez mais do que nunca, graças à crescente prosperidade. O mesmo não vale para a poesia, entretanto.

Os nazistas haviam mostrado o abismo, mas este não era um abismo exclusivamente alemão. Era um abismo pan-europeu. Os holandeses, os quais passaram a odiar os alemães durante muito tempo depois da ocupação, forneceram mais homens para as SS, *pro rata*, do que qualquer outra nação. Muitos flamengos eram nazistas entusiasmados, e o valônio Léon Degrelle liderou um movimento pró-nazista que enviou voluntários para o *front* oriental. O comportamento dos eslovacos, croatas e lituânios dispensa comentários. Os romenos se comportaram de forma tão brutal na Bessarábia e na Transnístria que mesmo alguns alemães se sentiram tocados e protestaram. Havia limites, aparentemente, em relação ao que seria permitido, mesmo em meio ao genocídio. Não se pode dizer que os poloneses foram filo-semitas, e os russos nunca ficaram para trás dos nazistas em questões de matanças generalizadas. Aliás, o governo russo não fazia qualquer objeção aos grandes massacres; para os russos era meramente uma questão de quem estava matando quem, e caso os nazistas não tivessem invadido a União Soviética, os russos poderiam ter aniquilado a Europa inteira, isso pouco importava aos soviéticos, e, de fato, o governo russo teria aprovado. A Espanha ficou fora da guerra, pois arranjara um massacre interno, por conta própria, com mais de um milhão de vítimas entre 1936 e 1940 – o que seria equivalente a 12 milhões de pessoas nos Estados Unidos de hoje.

Os italianos, é verdade, eram bonecos de opereta, embora o fascismo deles fosse suficientemente assustador. Certa vez, testemunhei um comício em Nápoles feito por Alessandra Mussolini, num castelo da região. Toda a encenação era absurda e disparatada. Ela parecia compor um anúncio de laquê para cabelo; todavia, ouvir o reverberante rugido de *Duce! Duce!* num espaço fechado foi aterrorizante e me deu uma noção do poder intimidador de movimentos desse tipo. Os homens no comício – não havia mulheres – eram, em sua maioria, de meia-idade ou mais velhos, e a maior parte deles já estava fisicamente debilitada. Eles tinham os rostos abatidos e as suas faces eram contorcidas por causa, conforme supus, de uma prolongada frustração. Tive vontade de rir, mas fiquei com medo.

Depois da guerra, os austríacos alegaram ser as primeiras vítimas do nazismo, embora tenham fornecido boa parte dos piores nazistas – incluindo o Führer em pessoa –, e não somente saudaram o *Anschluss* com brilho nos olhos, mas se apropriaram com gosto das propriedades judaicas confiscadas. Os húngaros tergiversaram; os dinamarqueses e os búlgaros preservaram a sua honra. Os partidários iugoslavos estavam muito mais preocupados em destruir os seus rivais e estabelecer uma ditadura comunista depois da derrota dos nazistas (que eles sabiam que seria proporcionada por terceiros) do que em lutar contra os alemães. Os suíços foram mercenários, e lhes faltavam escrúpulos; os irlandeses ficaram divididos – milhares deles se juntaram às forças britânicas, mas um bocado de sentimento nacionalista era pró-nazista, e De Valera assinou notoriamente o livro de condolências na embaixada alemã por ocasião da morte de Hitler, uma ação à qual ele não fora constrangido a executar, portanto, presumivelmente sincera. Afinal de contas, muitos de seus ideais não estavam tão distantes dos ideais nazistas.

Por último e melhor

A Grã-Bretanha manteve sua honra, sem dúvida, e seu povo demonstrou uma qualidade esterlina durante a guerra; mas aquilo que Churchill chamou de sua melhor hora logo revelaria ser sua hora final, e em breve a Grã-Bretanha experimentaria profundas dúvidas históricas à medida que seu império fosse dissolvido, por vezes de forma amistosa e por outras de maneira acrimoniosa, reavaliado à luz da nova historiografia nacionalista.

Vichy no sangue

Por ora, deixei a França de lado, a qual (com a exceção da própria Alemanha) encontrou as dificuldades mais agudas na recordação e incorporação do legado da guerra à sua história nacional, dificuldades cujos efeitos são sentidos até hoje. O disparatado mito gaulista de que, na França, todo mundo era um membro ou um simpatizante da Resistência ou das forças da França Livre foi concebido no intuito de reconstituir a solidariedade nacional a partir do que fora, de fato, tanto uma guerra civil quanto uma ocupação estrangeira.[5] Como acontece a todos os mitos em países amplamente livres, essa versão estava destinada, no final das contas, a ser questionada (embora filmes como *Le chagrin et la pitié* fossem censurados na França durante muitos anos depois da guerra, um procedimento que seria repetido no caso da Argélia, depois da guerra, com o filme de Pontecorvo *A Batalha de Argel*; mesmo um livro que detalhava a ajuda britânica à Resistência francesa, sem a qual a última mal teria sobrevivido, teve a sua publicação banida na França até anos recentes).

Até agora, as feridas só foram levemente cicatrizadas. Cerca de cinco anos atrás, quando voltava de ônibus para o seu apartamento no décimo nono *arrondissement* de Paris, minha sogra, que é francesa, conheceu uma senhora de sua idade que começou a conversar com ela. Essa senhora perguntou onde minha sogra morava, e esta lhe informou o endereço. "Em qual apartamento?", perguntou, então, a senhora. Minha sogra lhe disse e, de imediato, a mulher começou a chorar. Por uma grande coincidência, minha sogra vivia no mesmo apartamento em que essa senhora, que era judia, passara os seus anos de guerra se escondendo dos alemães (o prédio em frente, hoje uma delegacia de polícia, fora um centro de comando alemão durante a Ocupação), permanecendo nas sombras e nunca ousando

---

[5] "Recorde-me", diz um personagem em *Les Chaises* (de Eugène Ionesco) para um coronel, "na última guerra, de que lado vocês estavam? Esqueci-me." Essa peça foi produzida pela primeira vez em 1953, e com a agudeza do toque de genialidade sintetiza, em poucas palavras, todo o dilema da França, de fato de toda a Europa.

se aproximar da janela com medo de ser vista. Ela fora acolhida por uma família de gentios depois que seus pais foram deportados com a cooperação das autoridades francesas para nunca mais serem vistos. Essa história confere crédito ou desonra para a França, na realidade, para a natureza humana? Em primeiro lugar, que uma bravura como essa fosse necessária é algo horroroso; mas, que tenha existido, é admirável.

Logo depois desse caso, durante uma visita a amigos numa cidade do interior do sudoeste da França, o tema da Resistência surgiu enquanto almoçávamos. A senhora mais idosa da mesa disse algo que até pouco tempo atrás seria publicamente inconfessável: que não admirava totalmente a Resistência porque, depois da libertação, quando ela era ainda uma jovem, testemunhara de sua janela alguns *résistants* executando a tiros e a sangue-frio o seu vizinho, e ela sabia que aquele vizinho não era um colaborador. O vizinho fora assassinado sob a desculpa de *épuration*,[6] mas o motivo fora, exclusivamente, pessoal e vingança privada. Vários historiadores já demonstraram, de forma muito consistente, que esse não foi um incidente isolado a envolver esse tipo de ação.

Ambas as histórias exigiram que as suas testemunhas guardassem silêncio durante um prolongado período. Por um lado, tivemos a cooperação francesa na deportação de cerca de 70 mil judeus da França,[7] entre os quais pouquíssimos retornaram, o que permaneceu um assunto tabu durante muitos anos, embora a senhora do ônibus soubesse muito bem o que aconteceu, obviamente como muitas outras pessoas; por outro lado, o mesmo ocorreu com a problemática história da Resistência depois da guerra, a tal ponto que a senhora da segunda história durante muito tem-

[6] O "expurgo" que se seguiu à queda do regime de Vichy. (N. T.)

[7] Se em 1900 fosse dito que nos próximos cinquenta anos uma grande potência europeia conduziria um genocídio contra os judeus, e fosse pedido para alguém que adivinhasse qual seria, essa pessoa quase certamente teria colocado a Rússia em primeiro lugar, mas seria incapaz de decidir entre a França e a Alemanha pelo segundo lugar. O livro de Drumont *La France Juive* teve muitas edições e provavelmente vendeu mais cópias do que livros escritos por autores antissemitas alemães ou austríacos. Isso, me parece, é outra refutação da tese de Goldhagen.

po não pôde revelar o que vira com os próprios olhos, ou mesmo tirar qualquer conclusão a respeito.

Temos aqui algumas poucas questões levantadas pela ocupação da França que, na verdade, ainda são atuais.

Pétain seria um governante legítimo, legalmente o constituído herdeiro da Terceira República? Esteve ele motivado pelo desejo de salvar o que podia em circunstâncias absolutamente tenebrosas, e ele esteve certo em agir dessa forma? (Mesmo de Gaulle por vezes admitiu – depois da derrota – que a França precisou se valer de duas cordas para armar o seu arco.)

Qual foi, e qual deveria ter sido, a atitude da população francesa diante da Ocupação e do governo Pétain? A disseminada prática de denunciar terceiros à polícia, durante a Ocupação, foi um sinal do apoio francês ao nazismo[8] ou foi um mero passe livre para prejudicar o próximo? Podemos exigir das pessoas que sejam heroicas, ou apenas que não façam nada de muito ruim?

Vis-à-vis o compromisso com a liberdade, qual era o *status* da Resistência, considerando-se que boa parte dela era constituída de comunistas, os quais, mesmo internamente, eram ferozes inimigos da liberdade intelectual, para não falar da forma como administravam um vasto sistema de denúncia sub-reptícia, auxiliada por um inescrupuloso esquema de

---

[8] Para a tenebrosa história das delações durante a ocupação, ver *La Délation Sous l'Occupation*, de André Halimi. Robert Gellateley, em *The Gestapo and German Society*, mostrou que a delação na Alemanha nazista não era somente uma obrigação imposta por um Estado totalitário, mas um prazer para uma boa parcela da população. Os britânicos também correm os seus riscos, todavia. As pessoas que compram no mercado negro esperam uma recompensa financeira, e de tempos em tempos o governo, sob a pretensão de zeloso guardião do dinheiro público, faz campanhas publicitárias pedindo ao público que delatem aqueles que enganam o sistema de segurança social, pessoas que trabalham sub-repticiamente ao mesmo tempo em que reivindicam os benefícios públicos. Todas as denúncias, dizem as campanhas, serão tratadas confidencialmente. Eu me lembro de uma campanha desse tipo em que se via a foto de um rato de esgoto e uma legenda: "Seja rato com um rato!". O que o anúncio não deixava claro era se a foto representava o delator ou o infrator, ou ambos.

espionagem,[9] e os quais haviam dado apoio ao pacto Molotov-Ribbentrop e que, portanto, provaram ser completamente indiferentes – caso não fossem apoiadores entusiasmados – diante da pior opressão política e do pior massacre em massa da história?

É claro, outras perguntas semelhantes (não respondidas e irrespondíveis) poderiam, *a fortiori*, ser feitas aos alemães. Qual era exatamente o nível de apoio popular aos nazistas, e em função de quais políticas? O que a população de fato sabia e o que poderia saber caso tivesse desejado saber? Hitler teria permanecido popular, até quase o final, porque foi capaz de subornar o povo alemão com os espólios de outras nações e os produtos de povos escravizados, como alega Gotz Ally?

Depois da libertação, massacre

No caso da França, o registro histórico foi distorcido pelas guerras coloniais com as quais o país se viu envolvido logo depois da libertação. De fato, no exato dia da rendição alemã, o exército francês perpetrava um massacre de manifestantes nacionalistas argelinos em Setif. Ninguém sabe ao certo quantas pessoas morreram – oficialmente, duas mil, embora os nacionalistas alegassem (e aleguem), em função de propósitos tão desonestos quanto os dos franceses, que 100 mil pessoas morreram naqueles dias. Seja lá qual for o número exato de vítimas, os eventos foram abafados e tudo foi feito para que fossem esquecidos o mais rápido possível; mas os nacionalistas não esqueceram e começaram a guerra que sete anos mais tarde levou à independência da Argélia (no ínterim entre o massacre e a eclosão da guerra, os franceses debelaram uma rebelião nacionalista em Madagascar, na qual estima-se que morreram cerca de 100 mil pessoas). Como o mundo sabe, a guerra argelina foi lutada com extrema brutalidade por ambos os lados, mas, como sempre é o caso, o exército do governo matou mais do que os rebeldes que lutavam pelo poder. Os defensores do *status quo* sempre matam mais pessoas em geral,

[9] Ver, por exemplo, *La Chasse aux Traîtres du PCF*, de Michel Dreyfus.

incluindo-se os não combatentes – mas esse fato, por sua vez, é tão amplamente reconhecido que os rebeldes tiram vantagem dele a fim de angariar simpatia para a sua causa.

A história da ocupação francesa na Argélia é um tanto enviesada e até hoje é capaz de despertar fortes emoções na França. A história do *status* e do destino dos judeus argelinos ilustra as dificuldades que um Estado pós-imperial inevitavelmente tem dentro de sua própria história.

Quando, pela primeira vez, os franceses tentaram invadir a Argélia no século XVI, os judeus argelinos ficaram do lado do poder muçulmano, talvez, em parte, por considerarem os muçulmanos o lado provavelmente vitorioso, mas também porque acreditavam que seriam mais bem tratados pelas autoridades muçulmanas do que pelas autoridades cristãs. Isso não quer dizer que havia uma época de ouro de tolerância e igualdade na Argélia do século XVI; o Islã nunca teve qualquer teoria de igualdade religiosa assegurada pela lei (o que é uma das razões pelas quais tem tanta dificuldade com a modernidade); tudo o que era necessário para os judeus ficarem do lado dos muçulmanos era saber escolher o mal menor.

Uma tolerância *de facto*, do tipo que geralmente se desenvolve quando as pessoas vivem lado a lado durante um longo tempo, era pontuada por *pogroms* e massacres, e quando os franceses ocuparam a Argélia, em 1831, a condição dos judeus era muito pouco invejável (segundo os relatos da época). Havia leis religiosas contra eles, e eles tinham de vestir um distintivo amarelo e eram obrigados a reconhecer sua inferioridade nas tratativas com os muçulmanos das formas mais humilhantes. A ocupação francesa veio, então, como uma libertação.

Uma das primeiras medidas da Terceira República foi passar o *Decret Crémieux*, medida sancionada pela primeira vez por Napoleão que conferia cidadania a todos os judeus argelinos. Num primeiro momento, pode parecer que foi uma medida liberal e generosa, mas esta teve, no entanto, as suas ironias. A lei atiçou os ressentimentos e, no final das contas contribuiu para o término de uma presença de 2 mil anos dos judeus no país.

Ninguém gosta de passar de mestre absoluto do lugar para a condição de cidadão de terceira classe, de opressor para oprimido. Os muçulmanos, os quais se viam, de longuíssima data, como os chefes dos judeus no país, tornar-se-iam, agora, socialmente inferiores. Não é de estranhar que os judeus começassem a adotar os hábitos europeus, e que, nesse processo, começassem a ser bem-sucedidos, embora a maior parte permanecesse o que sempre fora, isto é, pobre.

Infelizmente, a sua ascensão social não foi totalmente bem-vinda por aqueles que lhes haviam cedido a oportunidade. Drumont, por exemplo, era um *député* da Assembleia Nacional em Argel e era cruelmente antissemita na imprensa colonial francesa. Os empobrecidos *pieds noirs*, metade dos quais viera da Espanha e da Itália e não tinha certeza de seu *status* como franceses, ressentiam-se pelo fato de que tal favoritismo, como eles o viam, tivesse sido cedido exclusivamente aos seus concorrentes, uma raça meio oriental que mesmo os desprezados árabes desprezavam. Na verdade, os distúrbios antissemitas do fim da década de 1890 não foram conduzidos pelos árabes, mas pelos colonizadores franceses, ou de qualquer forma por europeus.

Os judeus da Argélia se tornaram mais e mais ocidentalizados. Em fotografias feitas nos primeiros anos do século XX, percebe-se que metade deles ainda se vestia no estilo turco, e apenas metade no estilo ocidental (alguns, é verdade, conseguiram combinar, durante um tempo, as duas tradições); por volta da década de 1930, esses judeus já se encontravam tão completamente ocidentalizados que a sua vestimenta era totalmente ocidental, como se fosse inconcebível que se vestissem de outra forma. Isso não agradou os muçulmanos argelinos, os quais, sempre com uma justificativa teológica à mão para desqualificar os judeus, pensaram que eles haviam passado completamente para o lado do inimigo. Em 1934, houve distúrbios antijudaicos em Constantina, no transcorrer dos quais notou-se uma excessiva morosidade das autoridades para assumir o controle. Sem dúvida, imbuídas de sentimentos antissemitas, as autoridades também eram cuidadosas para não se mostrarem muito ciosas de defender os judeus contra os muçulmanos, uma vez que o sentimento nacionalista já começara a se alastrar.

Então veio o Armistício, e as autoridades francesas da Argélia recorreram a Pétain, em vez de se unir a de Gaulle. Logo depois, os judeus da Argélia seriam novamente colocados como cidadãos de terceira classe, com menos consideração por parte das autoridades do que os muçulmanos argelinos. Foi uma época terrível para os judeus argelinos, os quais ficaram sujeitos a todo tipo de opressão; com a libertação veio a restauração da cidadania francesa, embora de forma bastante lenta.

Quando eclodiu a guerra argelina, os judeus foram pegos no meio da confusão. Apesar do péssimo tratamento que recebiam do Estado francês, eles estavam ligados aos "valores republicanos" da França, mas, por outro lado, não tinham como não compreender o ponto de vista dos nacionalistas. No entanto, neutralidade era impossível numa guerra como a da Argélia; e embora os nacionalistas, os quais afinal de contas eram secularistas com tendências socialistas, prometessem aos judeus uma completa igualdade na nova Argélia, eles logo compreenderam as frágeis raízes do secularismo em uma sociedade como a argelina. Quando veio a independência, eles emigraram em massa para a França. Dois mil anos de história chegavam ao fim, embora de forma alguma feliz.

A partir de toda essa história, é bastante difícil construir um relato simples e direto como os franceses frequentemente preferem enxergá-lo, ou seja, a visão da França como a terra *par excellence* da liberdade, igualdade e fraternidade, qualidades estas que, como nação universalista, eles gostam de pensar que deram ao mundo, muito embora nenhuma das três estivesse em evidência durante os anos em que a França controlou a Argélia. De fato, com a guerra da Independência da Argélia, vieram outras dificuldades.

Demorou vinte anos até que a palavra "guerra" fosse usada oficialmente para descrever o conflito. Até então, a guerra fora tratada meramente como "eventos" e como "ação policial para restaurar a ordem". Em 1958, o jornalista francês Henri Alleg, um membro do partido comunista que editava um jornal diário na Argélia simpatizante à causa nacionalista, publicou, na França, um relato intitulado *La question*, no qual falava da tortura que sofrera pelas forças francesas depois de ter sido preso por ter auxiliado e amparado o inimigo. O livro (cujo título indicava um astuto jogo de palavras, implicando não somente a questão da soberania francesa na Argélia, mas relembrando o uso da palavra na jurisprudência da França pré-revolucionária, quando colocar "a questão" significava se valer da tortura de suspeitos) foi banido, mas somente depois que 60 mil cópias já haviam sido vendidas. Nos jornais, a referência ao livro foi proibida. Sartre escreveu uma introdução ao livro na qual ele dizia: "Para a maior parte dos europeus na Argélia, os colonos têm direitos divinos e os nativos são sub-humanos". Ele também escreveu um longo ensaio sobre o livro que, como aconteceu com os outros comentários, foi banido.

Aquilo que Alleg escrevera era verdade, é claro. A partir de então, não haveria mais dúvida real a respeito dos métodos usados pelos franceses para reter o controle da Argélia. Um proeminente jornalista francês com visões mais conservadoras relatou que a França havia perdido o direito de reprovar os alemães pelo massacre em Oradour, o vilarejo francês em que todos os seus 642 habitantes foram mortos por uma companhia SS como "retaliação" em consequência de uma crescente atividade de Resistência.[10]

Depois que a Argélia obteve a independência, seguiu-se quase um completo silêncio na França, um esquecimento voluntário daquilo que acontecera.[11] Não houve memoriais para homenagear os mortos (a comparativa ausência de memoriais para a Segunda Guerra Mundial, da qual a França saiu nominalmente como vitoriosa, mas com 600 mil mortos,

---

[10] O general comandante da divisão SS responsável pelo massacre, Heinz Lammerding, teve uma grande carreira de sucesso como homem de negócios no auge do Witschaftswunder. Das vinte e uma pessoas julgadas na França, em 1953, pelo massacre, catorze eram franceses originários da Alsácia. Eles alegaram que foram induzidos pelos SS *malgré nous* (apesar de nós mesmos) e que apenas obedeciam ordens. No entanto, foram considerados culpados; mas uma gritaria na Alsácia, onde havia certa agitação para se separar da França, levou à liberação deles. Isso, por sua vez, levou a um clamor de indignação na região de Oradour.

[11] Num contraste marcante com a Argélia, é claro, com sua constante referência oficial à guerra de independência, passando completamente por cima do fato de que o primeiro fruto da independência foi o massacre de talvez 60 mil argelinos que apoiaram a França, e a instalação de um regime cleptocrático que no final das contas provocou uma reação que levou a uma brutal guerra civil; um regime que nunca, nem por um instante, permitiu qualquer liberdade de expressão, sugerindo que a guerra de independência nunca fora uma luta pela liberdade, mas uma luta pelo poder.

quando cada vilarejo tem um proeminente memorial de guerra dedicado à Primeira Guerra Mundial, é certamente significativa).

No início do século XXI, duas ondas de choque passaram pela França, ao menos na vida intelectual, e novamente por causa da guerra com a Argélia. A primeira foi causada pela "revelação" de que os *harkis*, argelinos que auxiliaram a França ou lutaram por ela durante a guerra de independência (100 mil dos quais escaparam para a França antes de serem massacrados por seus irmãos argelinos), haviam sido muito maltratados desde sua chegada à terra da Declaração Universal dos Direitos do Homem. Longe de ser saudados como valorosos e, de fato, merecedores *enfants de la patrie*, eles foram jogados em acampamentos distantes da vista e do conhecimento das pessoas, onde permaneceram por mais de trinta anos. O destino deles foi melhor do que teria sido caso tivessem permanecido na Argélia, é claro, entretanto eles foram tratados de forma vergonhosa. Seria impossível alegar que ninguém tinha ciência da situação deles na França até o momento – afinal de contas, a mesma desculpa que os alemães usaram ao falar dos campos de concentração em seu meio –, mas a súbita crise de consciência, completada com livros publicados na época e inúmeras matérias na imprensa, foi brevemente perturbadora, porém sem nenhum resultado prático. O vergonhoso segredo foi outra vez enterrado quase de uma vez só, embora seja quase certo que emergirá novamente, e de forma conveniente, quando alguém quiser colocar em questão as credenciais liberais e democráticas da França.

A segunda onda de choque foi causada pelo caso que envolveu o general Paul Aussaresses, que revelou as múltiplas e quase inassimiláveis ironias da história francesa. Aussaresses, oficial de carreira, se juntara prontamente aos Franceses Livres, e não havia, portanto, nenhuma mancha de Vichy em cima dele. Mas, então, ele foi enviado para lutar pela supressão da independência da Indochina e da Argélia, e em 2001 publicou um livro de memórias no qual ele não apenas admitia os métodos de tortura usados na Argélia (algo sem dúvida conhecido, embora o fato chocasse algumas pessoas na França como se Henri Alleg nunca tivesse escrito seu livro) mas também alegava que aquilo fora completamente justificado e que, de fato, fora sancionado pelas mais altas autoridades, entre elas ninguém menos que o antigo, e supostamente esquerdista, presidente da França, François Mitterrand.

Houve grande gritaria, com chamados para que Aussaresses fosse julgado por crimes contra a humanidade. Retiraram a sua *Légion d'honneur*, mas ele, não sem justificativa, condenou a decisão como uma atitude hipócrita. Mitterrand, afinal de contas, apoiara a guerra na Argélia; seria absolutamente improvável que ele desconhecesse os métodos usados na época. Além do mais, Mitterrand, já então falecido, sempre fora uma figura bastante sombria. Ele iniciou a carreira política na extrema direita francesa e foi um importante oficial durante o governo de Vichy, por cujos serviços recebeu uma alta condecoração de Pétain. Então ele passou para a Resistência e finalmente para a esquerda. Se essas mudanças corresponderam a uma alteração real em suas convicções, não se pode mais saber; é suficiente dizer que Mitterrand, logo depois de sua ascensão à presidência da França, convidaria René Bousquet para o Eliseu.

Tratamento desigual

Assim como Aussaresses, Bousquet também fora um homem que teve confiscada a sua *Légion d'honneur* (condecorado por serviços meritórios durante as enchentes que afetaram o sudoeste da França em 1930). Nesse caso, a condecoração fora retirada por ele ter sido um colaborador muito proeminente. Entretanto, foi-lhe restituída em 1957.

Ele foi chefe de polícia durante a Ocupação. Trabalhou na deportação dos judeus de Paris para outros lugares, com certeza para os campos de extermínio, e pessoalmente foi muito além daquilo que os alemães requeriam dele. Além do mais, ele também participou da destruição de uma parte do antigo porto de Marselha, o que levou à deportação de 2 mil residentes, uma vez que os alemães consideravam aquele lugar um "ninho de terroristas". Todavia é provável que no final de sua carreira política ele fizesse um jogo duplo, protegendo e até mesmo encorajando a Resistência.

Bousquet sofreu as mais brandas punições possíveis por seus crimes depois da libertação da França (diferentemente de, digamos, Robert

Brasillach, talentoso escritor que apoiou os alemães, mas que, na verdade, nunca matou ninguém e foi executado a tiros). Bousquet, então, começou a fazer dinheiro, tornando-se um rico financiador da esquerda na França, incluindo, acredita-se, a carreira política de Pierre Mendès-France, primeiro-ministro judeu. Portanto o antigo perseguidor que deportava judeus tornar-se-ia financiador de um proeminente político judeu!

No final das contas, não por questões de princípio, conforme se pode suspeitar, Mitterrand cortou relações com Bousquet, o qual, à medida que as evidências contra ele se acumulavam (as quais, sem dúvida, sempre estiveram à disposição), foi enviado para ser julgado. Felizmente, ele foi assassinado com pouco antes de seu julgamento, ao longo do qual ele com certeza poderia ter jogado muita sujeira no ventilador, a fim de demonstrar que não era mais culpado – e não moralmente pior – do que muitos outros que ele poderia nomear.

Façamos um breve retorno à questão argelina. Em reação à visão de que a história da colonização francesa na Argélia não foi nada mais que rapinagem e opressão, em 2005 uma lei foi aprovada na Assembleia Nacional, a qual requeria às escolas que ensinassem que a presença francesa no norte da África tivera aspecto positivo e construtivo. Por um lado, isso não teria de forma alguma causado indignação em Karl Marx, uma vez que ele fora grande entusiasta dos efeitos positivos do colonialismo, ao menos durante o momento certo. Para os marxistas, seria dialeticamente impensável – ao menos em teoria – dizer que o colonialismo europeu fora destrutivo em seus efeitos. Pelo contrário, ele apresentara precisamente seus efeitos positivos – promovendo o avanço econômico, tecnológico e intelectual –, que a lei agora exigia que os professores de história das escolas reconhecessem e transmitissem a seus alunos.

Entretanto havia várias objeções à lei, tanto de ordem prática quanto teórica. Para muitas pessoas, isso soava como apologia do colonialismo, um pouco como justificar Hitler em termos das *Autobahnen* ou Mussolini em função da pontualidade dos trens. Além do mais, desde o fim da guerra argelina, criara-se na França uma população de cerca de cinco milhões de pessoas que descendiam do norte da África que poderiam considerar a lei ofensiva. Essas pessoas já se encontravam predominantemente alocadas nas *zones sensibles* – as zonas sensíveis – das cidades (um mero eufemismo para guetos suburbanos) com o seu decorrente efeito sobre o moral nacional.[12] A lei estava condenada a ser desnecessariamente irritante – embora seja provável que aqueles que se opuseram a essa lei, a qual obrigava que a historiografia do colonialismo francês não fosse mais tratada como uma história de rapinagem e massacres, tratassem a chegada ao poder da ditadura argelina como uma inequívoca "libertação".

Nós não temos história

No final do episódio, o presidente Jacques Chirac usou os seus poderes para suspender a lei, afirmando que "Na República, não existe história oficial. Não cabe à lei escrever a história. Escrever história é assunto do historiador". Embora seja, sem dúvida, uma afirmação esplêndida, não é totalmente honesta. Não apenas a legislação francesa aprovou leis que proíbem a negação do Holocausto e do genocídio armênio, mas o que seria o Dia da Bastilha senão uma versão implícita desse tipo de história, que é tão contestável quanto a história do colonialismo, mesmo que sobre eventos pouco (embora não muito) mais antigos? Recordo-me da notória resposta de Zhou En-lai, ao lhe ser perguntado que pensava sobre os efeitos da Revolução Francesa; ele respondeu "É muito cedo para dizer algo". O significado da Revolução Francesa ainda é incerto, e recentemente um volumoso livro foi publicado na França, *Le Livre Noir de la Révolution Française* (uma contrapartida do *Livro Negro do Comunismo*), no qual se dedica grande atenção aos terríveis massacres em La Vendée e que

[12] Num discurso bastante impressionante durante o recebimento de um título honorífico em Oxford, o atual primeiro-ministro da Índia, Manmohan Singh, enumerou os efeitos positivos e negativos do domínio britânico sobre a Índia. No entanto a Índia é um dos poucos exemplos de descolonização, no século XX, que levou a um crescimento na liberdade em vez de levar a um despotismo de outro tipo, e geralmente pior.

estabelece que a Revolução não foi uma manifestação maior da vontade geral do povo francês do que foi a Resistência.

O envolvimento do presidente Chirac nessas questões foi muito mais louvável e honesto que o de seu predecessor. Infelizmente, ele é considerado, pela maior parte de seus conterrâneos, um canalha no sentido mais comum do termo.

Por fim, para completar nosso quadro – ou melhor, torná-lo algo parecido a uma tela de Jackson Pollock –, deixe-me salientar que Henri Alleg (para não falar de Sartre) era o tipo mais completo e total de hipócrita. Como seguidor de Stálin que era, ele necessariamente aprovava as políticas de Stálin: assassinatos em massa, massacres de populações inteiras, indução deliberada de fome e total supressão da liberdade intelectual, para não falar dos cultos à personalidade do tirano. Não há como se esconder por trás do véu de uma alegada ignorância, pois ao fazer isso cometeria o mesmo crime do qual acusou os apologistas da política colonial francesa na Argélia. Caso ele não soubesse, sua ignorância era deliberada; portanto, ele sabia, e, consequentemente, é razoável concluir que Alleg aprovaria todas essas coisas terríveis, desde que feitas em nome de seu ideal escolhido. Ele se assemelha ao peronista que, ao ser perguntado sobre o que pensava da tortura, respondia que isso dependia de quem era torturado e de quem era o torturador.

Na verdade, aqui temos "*un passé qui ne passe pas*", um passado que não passa, que não se resolve.

11. Por que somos assim (6)?

Detive-me um pouco mais na França, mas não quis dizer que problemas históricos sejam exclusividade desse país, longe disso. O caso da Alemanha não precisa sequer ser citado. Quase todo país europeu sofre de problemas semelhantes, mesmo que nem sempre de forma tão intensa.

Por exemplo, a Bélgica não teve apenas a sua própria história de colaboracionismo durante a guerra, mas há também a história belga no Congo, que os belgas também tentaram esquecer, mas que, com a presença maciça de congoleses atualmente no país, trouxe de volta os velhos traumas, ao menos subliminarmente. A obra *Coração das Trevas* de Conrad não foi um exagero no tocante aos horrores perpetrados durante o governo do rei Leopoldo. O problema é que uma história de horrores insuficientemente reconhecida ou incorporada ao psiquismo nacional tem a tendência de retornar, como o fantasma de Banquo,[1] para assombrar o futuro.

Já fiz alusão à participação holandesa na guerra, mas há um fato extra: a primeira preocupação dos recém-libertados holandeses depois do jugo nazista foi suprimir o movimento de independência nacional nas Índias

---

[1] Personagem em *Macbeth*, de William Shakespeare, que depois de assassinado reaparece como fantasma diante daquele que o mandou matar, o próprio Macbeth. (N. T.)

Orientais, o que levou a uma guerra desastrosa que custou 100 mil vidas,[2] Mesmo o holandês pacifista tem um esqueleto no armário.

Os espanhóis, é claro, têm de lidar com a sua *leyenda negra*, isto é, a ideia de que o colonialismo espanhol foi um catálogo de horrores e nada mais que horrores, incluindo cada ato concebível de crueldade, abuso e genocídio, uma narrativa que, recentemente, tomou vida nova (com o aniversário de quinhentos anos da viagem de Colombo). Estudos demográficos mostram que as populações indígenas declinaram em 90% depois da chegada dos espanhóis. A *leyenda negra* foi cunhada por outras potências da Europa ocidental, que estavam insatisfeitas com a hegemonia espanhola sobre as Américas e se valeram dos escritos de Frei Bartolomeu de las Casas para fins propagandísticos. O uso que hoje se faz dessa história tem o intuito de descreditar a civilização europeia como um todo.

Enquanto isso, a Espanha está cavando (um tanto literalmente) o seu passado recente a fim de desenterrar milhares de pessoas assassinadas durante e após a Guerra Civil. *Grosso modo*, nada de mais aconteceu com a Espanha entre a destruição dos índios e a Guerra Civil, a menos que computemos a invenção espanhola dos campos de concentração em Cuba.

A ambição italiana de se ver como grande potência levou o país a uma aventura na região que hoje compreende a Líbia, arrancando-a da soberania turca e, no processo, matando 100 mil pessoas de uma população diminuta. Ao perder a Batalha de Adawa em 1896, quando o exército italiano foi batido pelos abissínios, Mussolini se vingou lançando mão, dentre outras coisas, de gases venenosos, os quais foram lançados de aviões.[3] E isso para não falar dos crimes domésticos cometidos por ele.

A colonização britânica esteve longe de ser benigna. Embora a história dos britânicos na Irlanda tenha muito mais ambiguidades – especialmente

[2] Soekarno, é claro, se opunha veementemente à liberdade de qualquer um, exceto a sua.

[3] Há, aqui, um abrupto salto histórico feito pelo autor que pode confundir o leitor. O uso de armas químicas e aviões contra os etíopes ocorreu durante a Segunda Guerra Ítalo-Abissínia entre 1935-1936, quarenta anos depois da Batalha de Adawa. (N. T.)

em seu último período – do que a historiografia nacionalista até pouco tempo admitiria, ninguém a consideraria motivo de orgulho nacional, para dizer o mínimo. Por que os britânicos pensaram que tinham o direito, e por vezes mesmo o dever, de exigir soberania sobre grandes porções de terra pertencentes a outros povos é algo que me foge. Eu não darei permissão para que se apropriem de minha casa mesmo que eu saiba que terceiros a decorarão com mais bom gosto que eu, e mesmo que tenham mais dinheiro do que eu.

Os britânicos usaram campos de concentração contra os bôeres e gases venenosos no Iraque. Embora, em geral, os ingleses descolonizassem com menos resistência que os franceses – e sem dúvida do que os portugueses –, houve, no entanto, certa violência, como, por exemplo, em Aden e no Chipre, e de modo mais notável no Quênia. De novo, o significado (caso seja possível dizer que os eventos tenham significado) da rebelião Mau Mau pode ser ambíguo, no sentido de seu barbarismo primitivo, que era desprovido de objetivos claramente articulados e estava confinado sobretudo aos *kikuyu*. Com certeza o recém-independente Estado do Quênia esteve disposto a recordar essa rebelião, ao menos da forma, por exemplo, como a Guerra de Independência da Argélia foi recordada na Argélia, com o propósito de legitimar perpetuamente o novo regime. Mas o que é importante, do ponto de vista de reconstruir certo tipo de história, é que muitos milhares morreram na supressão da revolta e que muita brutalidade foi usada nessa supressão.

Então, tivemos o comércio escravagista no Atlântico, em que a Grã-Bretanha desempenhou papel muito expressivo, em consequência do qual tivemos dois milhões de pessoas transportadas pelo oceano nas mais terríveis condições. O fato de este comércio apenas ser viável com a ajuda africana não altera a culpa britânica, assim como o papel preponderante da Grã-Bretanha na abolição do mesmo comércio escravista, que é facilmente explicável, ou descartado (que para esses propósitos vale a mesma coisa), graças a uma mudança no interesse nacional.

Temos o genocídio dos aborígines da Tasmânia, logo depois que os britânicos se apossaram da Austrália. Não importa não ter havido nenhum genocídio e que, embora os aborígines tenham de fato morrido, não tenha sido um genocídio que os matou. Atualmente, esse genocídio já tem lugar garantido na recontagem dos genocídios pela história; o que vale agora não foi o que aconteceu, mas o que se pensa que aconteceu.

A fome bengali ocorrida em 1943 na Índia, apenas quatro anos antes do término do domínio britânico, foi uma das piores, entre as muitas fomes generalizadas durante esse domínio. Desde a demonstração de Amartya Sen de que a fome ocorre apenas onde não há democracia ou liberdade política, a fome pôde, então, ser jogada inteiramente na conta dos britânicos. Entre 1 milhão e 2 milhões de pessoas morreram durante a Partilha, e embora essa tragédia não possa ser atribuída simples e exclusivamente aos delitos britânicos, aconteceu sob a soberania britânica. Por outro lado, a expectativa de vida cresceu de forma gigantesca na Índia depois da independência, e embora possa ser atribuída em grande aos avanços técnicos ocidentais, não será permitido dizer que foi uma proeza dos britânicos.

Em resumo, não é mais possível pensar a história de boa parte dos países europeus fora da clave do crime e da insensatez, descartando-se completamente as suas realizações.

12. Por que somos assim (7)?

Por que alguém desejaria construir uma história nacional que não fosse nada além de crime e insensatez?

Creio que existam três razões principais. A primeira se relaciona com a amargura de se saber desprovido do poder e da importância mundial outrora gozada que foram perdidos depois do fim da Segunda Guerra Mundial. Embora seja relativamente fácil digerir os aspectos menos gloriosos da história nacional enquanto o país em questão permanece poderoso ou quando luta por sua existência nacional contra ameaças, essa mesma digestão torna-se muito mais difícil uma vez que esse poder tenha sido perdido ou a luta tenha passado, na medida em que fica mais difícil desprezar ou diminuir a relevância desses aspectos menos gloriosos em função de superiores ou grandiosos propósitos. Se a sua nação fez um omelete, você a perdoará por ter quebrado alguns ovos; mas caso haja ovos quebrados sem qualquer omelete que os justifique, teremos então decepção e repúdio.

Outra forma de ser importante

Em segundo lugar, sabendo-se que uma culpa sem limites pode ser usada como forma de grandiosidade, investigações sobre os grandes crimes do passado funcionam como consolação para aqueles que perderam o seu poder. Isso lhes assegura que, apesar de perderem o contato com os canais mais imediatos do poder, importantes e fundamentais fatores na situação atual do mundo serão rastreados. Se a África é uma confusão abominável, isso se deve àquilo que nós (as antigas nações colonizadoras) fizemos ao continente; logo, ainda somos importantes. É claro, essa perspectiva acarreta determinada consequência infeliz de considerarmos os africanos tão impotentes a ponto de ser incapazes de criar a própria confusão, ou mesmo de contribuir expressivamente para ela; mas é melhor, ao menos para certo *amour propre*, ser responsável por grandes danos, de fato por um grande mal, do que por nada de expressivo. Esse é o motivo pelo qual podemos passar quase automaticamente da crença de que tudo o que fizemos e fazemos é o melhor, que estamos civilizando o mundo, à crença de que arruinamos o mundo e que tudo que há de ruim pode ser ligado a nós.

Em terceiro lugar, uma história miserabilista e derrotista é um instrumento extremamente proveitoso para assegurar uma revolução social ou, ao menos, uma mudança ou expansão das elites. Se o passado do país não é nada mais que um longo registro de crimes e insensatez, ficará claro que a sua história foi conduzida pelas pessoas erradas. Este será um juízo muito importante em países nos quais o número de pessoas formadas pelas universidades cresce velozmente; pessoas que acreditam ter o direito, por virtude de seu *status* intelectual, a uma voz privilegiada na condução do futuro do país.[1] Por conseguinte, novas burocracias serão criadas a fim de consertar os erros do passado, exatamente as burocracias que absorverão os milhares ou milhões de indivíduos recém-egressos do sistema educacional. Dessa forma, o miserabilismo combina negócios com prazer.

Na Grã-Bretanha, ao menos os herdeiros da classe dominante, amargurados com o fato de o doce cálice do poder lhes ter sido retirado dos

[1] Joe Keller diz em *All My Sons* de Arthur Miller, "Todo mundo está ficando tão educado neste país que não haverá mais ninguém para levar o lixo para fora [...] É uma tragédia: você está na rua e dá um cuspe, certamente atingirá um universitário". É claro, sempre há imigrantes do Terceiro Mundo para levar o lixo, mas os filhos deles não se contentarão em permanecer lixeiros, tampouco deveriam.

lábios nas últimas décadas, canalizaram a sua fúria contra a própria cultura nacional, a qual os elevou à condição de classe dominante mas que os desapontou com a pequena escala de poder, de modo que uma combinação de sátira e derrotismo passou a dominar todo o nosso ambiente cultural, destruindo por completo a confiança nacional. Não é só o caso de, agora, o país não valer nada, mas é o caso de nunca ter valido nada.

Existem, certamente, muitos frutos a ser colhidos desse derrotismo europeu, como sempre houve para toda a humanidade, desde a Expulsão do Éden. No entanto eu não vejo como alguém pode andar por, digamos, Paris, Veneza ou Roma, ou por qualquer lugar (quando francamente percebidos), e enxergar apenas crime e insensatez, e não notar as realizações – por toda parte – da civilização europeia. Em vez disso, adotamos o famoso sarcasmo de Mahatma Gandhi ao responder, quando estava em Londres e lhe foi perguntado o que pensava da civilização ocidental, que achava que seria uma grande ideia.

13. As consequências

A maior parte dos europeus não é religiosa. A maioria deles não acredita em qualquer grande projeto político, seja vinculado a uma classe social, à nação ou à Europa como um todo. A maior parte dos europeus não tem mais nenhum conceito de *la gloire*, essa noção facilmente ridicularizada que pode, não obstante, impelir as pessoas a grandes empreendimentos, transcendendo a si mesmas e a seus interesses mais imediatos. Boa parte dos europeus de hoje zombaria da própria ideia de uma civilização europeia, portanto, não tem como desenvolver qualquer sentimento de contribuição para com ela.[1]

O derrotismo leva a uma mistura de indiferença e ódio pelo passado.[2] Esse ódio ficou visível na arquitetura e no planejamento urbano da Europa

---

[1] Quando eu era ainda um garoto de dez ou onze anos, meu professor me levou à Galeria Nacional de Londres. Fiquei profundamente impressionado, tão impressionado que desenvolvi a ambição infantil de fazer algo que me tornasse meritório de algum dia ter um espaço para mim numa daquelas paredes. Será que alguma criança desenvolveria esse tipo de ambição em nossos dias? Será que os nossos professores não ficariam horrorizados com o fato de um aluno ter uma ambição tão patriótica?

[2] A ignorância em relação ao passado não é incompatível com a certeza – de fato, convicção absoluta – de que esse passado foi terrível e nada mais que terrível. Hoje, os alunos aprendem algo sobre tráfico de escravos e o Holocausto, mas o que veio antes lhes escapa completamente. Conheci muitos jovens na época de

desde a guerra. O monstro franco-suíço Le Corbusier, cujo principal talento era de longe a autopromoção, é ainda um herói entre os arquitetos franceses, embora esse homem quisesse derrubar e demolir toda a cidade de Paris a fim de transformá-la numa Novosibirski francesa de puro concreto (a epidemiologia das pichações nas cidades europeias deveria ser suficiente para persuadir qualquer um sobre os efeitos sociais do material favorito de Corbusier, as estruturas de concreto). Essa destruição é o que os arquitetos franceses, provavelmente, desejam realizar. Mas que tipo de mentalidade é essa, capaz de se deixar levar por tal pensamento? Embora, é claro, essa mentalidade represente apenas uma minoria. O aclamado arquiteto francês Jean Nouvel, que (para a eterna vergonha dos Estados Unidos) ganhou um Prêmio Pritzker, não conseguirá se conter até que destrua Paris de uma vez por todas ao construir torres de vidro e concreto em todos os lugares, alegando que Paris não pode permanecer "um museu".[3] Certamente, Nouvel já realizou o mais difícil de todos os feitos arquitetônicos, a produção de um museu ainda mais horrendo que o Centre Pompidou; falo do novo e desprezível, embora sem dúvida muito caro, Musée du quai Branly. Acredito que não seja mera coincidência que esse sujeito se apresente em fotografias, para a imprensa e para a mídia, com a postura de um marginal, feio, com cabeça raspada, e todo vestido de preto. É claro, ele é muito pior que um mero marginal, uma vez que suas atividades afetam milhões de pessoas.

A compulsão de construir também é destrutiva

Essa mania de destruição não ficou confinada à França. O político holandês (que se tornou primeiro-ministro) Joop den Uyl queria demolir

minha prática médica na Inglaterra aos quais a expressão "mil e sessenta seis"* lhes sugeririam muito mais o preço de um produto do que uma data.
[* No caso, "1066" é o ano da Batalha de Hastings, data considerada como da fundação da monarquia e do Estado inglês.]

[3] Mesmo agora ela permanece uma das mais ricas e economicamente produtivas e eficientes cidades do mundo.

boa parte da Amsterdã do século XVII, certamente uma das cidades a ostentar a mais refinada e elegante arquitetura privada na história do mundo, a fim de construir uma autoestrada e para criar projetos habitacionais "socialmente justos", do tipo que pode ser visto mundo afora.

A assembleia municipal de Bath quis, na década de 1950, derrubar totalmente essa cidade georgiana – mais um caso que representa um dos maiores triunfos de *design* urbano do mundo – para colocar no lugar uma arquitetura que poderia ser chamada de estilo funcionalista disfuncional. Protestos impediram que isso fosse levado adiante no último momento, mas a própria ideia de um projeto como esse ter sido concebido, ou seja, demolir uma cidade como Bath, é suficiente para gerar profundo desespero.

Mais recentemente, a assembleia municipal da elegante cidade regencial de Cheltenham na Inglaterra decretou que qualquer edifício novo deveria ser feito fora do estilo de sua herança regencial, ocasionando um pastiche que pode ser visto como um crime muito pior do que o total aniquilamento do horizonte visual, de modo a evidenciar a incapacidade dos arquitetos e dos urbanistas atuais de superar seus predecessores – precisamente, aquelas pessoas responsáveis por uma história de crime e insensatez.

Essa mania de destruição, frequentemente efetivada em graus menores por meio do estabelecimento, em um lugar estratégico, de um horrendo edifício que os olhos não podem evitar (a Tour Montparnasse em Paris é um exemplo particularmente adequado desse gênero), é sintoma de uma cólera impotente que sabe que a Europa ficou para trás e que não está mais na vanguarda de nada. Funciona também como uma espécie de pensamento mágico: ao se adotar os aspectos externos da modernidade, de alguma forma a modernidade será conquistada e dominada. Na Nigéria, existem prédios que são chamados por seus criadores e proprietários de "complexo ultramoderno de edifícios", mas que são absolutamente inapropriados às condições existentes no país; os constantes cortes de energia fazem com que se tenha de subir dezenas de andares de escada num calor sufocante, e o pretenso sistema de ar-condicionado impede a colocação de janelas que possam ser abertas, resultando em paredes mofadas em toda parte. Os antigos prédios coloniais, com seu sistema natural de refrigeração propiciado pelas varandas sombreadas, eram muito melhores e mais funcionais, mas não eram ultramodernos, portanto foram desprezados; são o símbolo de um passado que ao menos a elite do país desprezava e odiava.

Ninguém se sente mobilizado a defender aquilo que realmente não exista para a pessoa, ou que ela considere não ter valor. É claro, um sentimento excessivamente forte de ter herdado algo valioso pode gerar uma paranoia defensiva, inclinando o sujeito a ver inimigos por toda parte; mas, por outro lado, um sentimento muito frágil faz com que não se vejam inimigos em lugar nenhum. Tampouco esse sujeito se torna capaz de enfrentar os desafios lançados de forma absolutamente natural pelos competidores. Devido a sua história, ou melhor, à obsessão pelos piores aspectos dessa história, os europeus não são mais sequer capazes de admitir que desejam preservar o próprio estilo de vida, com medo de um atavismo histórico. Quando aproveito alguma esquina da Inglaterra ou da França que me pareça ter preservado as antigas características nacionais, fico temeroso de expressar o meu regozijo, pois posso ser visto como xenófobo. Como em "Silvicultura com orgulho", uma ligação a sua cultura é, para o europeu, o início de uma ladeira abaixo.

Hedonismo no melhor dos casos, conforto no pior

O que sobrou para os europeus? A vida atual é vista como tudo o que conta e, de fato, tudo o que existe. Portanto resta-lhes buscar a boa vida, aprazível e confortável, a vida abundante, para eles e somente para eles. Eles desconfiam dos projetos grandiosos: afinal de contas, a história não demonstrou de forma cabal que esse é o caminho da loucura? A partir do fim da Segunda Guerra Mundial, os alemães disponibilizaram toda a sua formidável inteligência, sua engenhosidade e seu senso de organização que antes haviam empregado na busca do domínio mundial e na implantação de esquemas genocidas em prol de criar tanto uma oficina do mundo quanto um Estado social-democrático, no qual os seus cidadãos se sentiriam e estariam para sempre seguros. Não parecia haver nada entre as duas realidades: tratava-se ou de guerra total ou de paz total.

O que valia para a Alemanha valeria também para o resto da Europa. O que contaria dali em diante seria o padrão de vida e os meios pelos quais este poderia ser protegido das vicissitudes da vida econômica. Os europeus temem o futuro porque temem o passado; estão desesperados para se agarrar àquilo que já têm, o que os franceses chamam de *les acquis*, uma vez que, para eles, isso representa todo o propósito de sua existência. Fazem isso mesmo quando a situação clama por flexibilidade e quando a falta desta ameaça todo o sistema. É claro, o custo final das generosas provisões de bem-estar social é altíssimo, e os abusos são recorrentes; mas esse é um preço que os europeus estão dispostos a pagar porque segurança e estabilidade (mesmo que sejam na realidade ilusórias) valem muito para eles.

A manutenção do padrão de vida é tão importante para os europeus que eles veem os filhos não como herdeiros do que eles próprios herdaram, como um fator essencial para o significado da vida, mas como obstáculos para o pleno desfrute da vida, como algo que drena os recursos, um ônus a atrapalhar as próximas férias em Bali ou em qualquer outro lugar, uma responsabilidade excessiva a comprometer certas possibilidades, um entrave no caminho do exercício da escolha. Sem dúvida, em parte os filhos representam um entrave, uma vez que todos pagam caro pela manutenção do sistema de seguro social, que é a garantia das pessoas contra uma abrupta queda no padrão de vida; e isso também significa que, caso essas férias em Bali sejam realmente programadas, as mães em potencial terão de trabalhar da mesma forma que os pais em potencial, o que resultará em pouco tempo para ficar com os filhos. Se tudo isso significar que a vida não continuará depois deles, pelo menos não da mesma forma, e se fizer que a Itália (por exemplo) se torne, num futuro próximo, uma península albano-somali, que assim seja, pois nunca houve nada que realmente valesse a pena preservar, caso a história seja compreendida corretamente; e caso um homem aproveite a vida, e se a vida existir para ser curtida, o que mais precisa ser dito? Um homem que tenha curtido a vida, que tenha ido a Bali muitas vezes, não a desperdiçou.

Certa vez, Dean Acheson disse que a Grã-Bretanha havia perdido um império e não encontrara outra função. Pode-se dizer da Europa algo semelhante, que ela perdeu o propósito e não encontrou nenhum outro para substituí-lo.

O enviado americano

> As grandes conturbações que precedem as mudanças civilizatórias, tais como a queda do império romano e a fundação do império árabe, parecem, num primeiro momento, determinadas mais especialmente por transformações políticas, invasão estrangeira, ou a deposição de dinastias. Porém um estudo mais atento desses eventos mostra que por trás dessas causas aparentes a causa real é geralmente percebida como uma profunda modificação nas ideias dos povos. As verdadeiras crises históricas não são aquelas que nos pasmam por sua grandiosidade e violência. Donde as mudanças mais importantes, cujo resultado renova as civilizações, encontram-se na esfera das ideias, concepções e crenças. Os eventos memoráveis da história são os efeitos visíveis das mudanças invisíveis do pensamento humano. A razão pela qual esses eventos são tão raros se deve ao fato de não haver nada tão estável, numa raça ou num povo, quanto o campo herdado de seus pensamentos.
>
> Gustave Le Bon, *The Crowd*

É inútil, nos assuntos humanos, buscar causas finais: mudanças nas ideias, concepções e crenças, do tipo que Le Bon creditou como responsáveis pelas grandes conturbações, são, em si, historicamente causadas assim como outros eventos. Em outras palavras, eventos e ideias estão em eterno diálogo. Os eventos afetam as ideias dos homens; as ideias dos homens afetam os eventos. O desejo por uma explicação final de tudo é uma manifestação de impaciência, intolerância diante da incerteza, e um compreensível, mesmo que preguiçoso, desejo por um sossegado e tranquilo estado mental, no qual tudo já foi preestabelecido de uma vez por todas e o pensamento não será mais, portanto, necessário.

Todavia, temos de agir como se de fato soubéssemos as causas das coisas, ao menos o suficiente para adotar uma ação sensata. Antibióticos eram usados com eficiência antes que as pessoas tivessem ideia de como eles funcionavam bioquimicamente. De forma geral, temos de agir como se já soubéssemos o bastante, embora seja aconselhável ter consciência de que na maioria das vezes não sabemos.

Existe alguma coisa na experiência europeia da qual os americanos podem tirar uma lição? Os americanos estão inclinados a acreditar em seu excepcionalismo por inúmeras razões.[4] Em primeiro lugar, é claro, os Estados Unidos estão situados num continente isolado geograficamente dos conflitos euro-asiáticos e nunca enfrentaram uma ameaça séria de seus vizinhos e dos países próximos. Ainda não enfrentam ameaças desse tipo, ao passo que a Europa ocidental sempre teve a Rússia à porta, país que durante centenas de anos elegeu a força militar do Estado como um objetivo muito acima de todas as considerações sobre o bem-estar da própria população.

Então, os Estados Unidos formam uma nação fundada numa coerente e atrativa, embora não necessariamente profunda, filosofia, de forma diversa de todas as outras nações que, por assim dizer, "apenas cresceram". A filosofia sobre a qual os Estados Unidos se fundam é otimista, a sugerir possibilidades ilimitadas. Numa época de migrações em massa, ao menos em uma direção, isso confere grande vantagem sobre os países europeus, nos quais a noção de pertencimento nacional se funda, pelo menos em certo sentido, num passado social e biológico, e que, portanto, têm muito mais dificuldades, tanto conceitualmente quanto na prática, para absorver e acumular grandes contingentes de imigrantes. Sendo assim, os Estados Unidos se encontram livres das formas mais vulgares de nacionalismo que pulularam pelos países europeus no passado e que poderiam novamente assaltá-los no presente.[5]

---

[4] "Se tivermos que usar a força, é porque somos a América. Somos a nação indispensável. Permanecemos erguidos. Vemos mais adiante no futuro." Levaria um livro inteiro a fim de destrinchar toda a insensatez, a soberba e a malignidade contidas nessas famosas – ou infames – palavras proferidas por Madeleine Albright. Para começar, a noção de nação indispensável implica que todas as outras seriam dispensáveis. Espera-se que se pare de pensar em milhões de pessoas em termos de dispensabilidade, ou mesmo de uma única pessoa. Nunca, no campo da história humana, uma mulher aprendeu tão pouco com tantos recursos à mão como no caso de Madeleine Albright.

[5] A França é uma exceção parcial, mas apenas parcial, da natureza não ideológica (ou não filosófica) dos Estados-nação europeus. Como destacou seu atual presidente, a

Em terceiro lugar, temos a relação dos Estados Unidos com a fé. Talvez pelo fato de nenhuma Igreja jamais ter se estabelecido como hegemônica nos Estados Unidos, a religião sobreviveu melhor nesse país do que em outros, nos quais a crença religiosa ficou intimamente associada ao poder temporal. Uma vez que o poder para obrigar a conformidade e suprimir as dissensões decline em países onde houve uma religião de Estado, a crença religiosa também cai rapidamente, pois é vista como aliada do lado errado da história. Por motivos constitucionais, não há qualquer risco de isso acontecer nos Estados Unidos; e a religiosidade dos americanos mantém vivos os pequenos pelotões, os quais tanta importância têm na manutenção da saúde e do vigor de uma sociedade civil autônoma e independente do governo.

Finalmente, temos o poderio militar americano, que não encontra precedente nem na história das nações nem na história do mundo. Os Estados Unidos gastam mais com seu aparato militar do que o resto do mundo junto. Isso deve assegurar a sua predominância num futuro próximo.

Em resumo, os Estados Unidos estão livres, ou quase, dos principais fatores que conduziram a Europa ao declínio e ao imobilismo, à esclerose, à rigidez e à falta de habilidade para enfrentar os novos desafios de nossa época. E, uma vez que nada é inevitável, este pode ser realmente o caso.

Todavia a coisa não é certa. Da mesma maneira que os europeus, os americanos não souberam manter as formas limitadas de governo, e a diferença entre europeus e americanos nesse quesito é mais uma diferença de grau do que de natureza. O conceito de que os cidadãos americanos são muito mais ciosos de sua independência econômica e de sua liberdade

---

sua fase republicana compreende apenas uma parte – pequena – de sua imemorial existência. Além disso, a fase republicana coincidiu com o desenvolvimento do império francês ultramarino, império que não poderia estar em maior contradição com seu republicanismo filosófico. É claro, o escravismo também estava em contradição com os princípios fundadores do republicanismo americano; mas os Estados Unidos se livraram dessa contradição com uma guerra civil (seja ou não o caso de ela ter sido lutada em nome da emancipação), ao passo que a República Francesa perdeu o império ultramar contra a própria vontade. Os franceses podem de fato ter ensinado as crianças africanas a dizer "*Nos ancêtres, les galois*", mas a prática colonial adicionou boa dose de mentira a essa metáfora histórica.

intelectual do que seriam os povos de outras nações não é mais verdadeiro do que a noção de que os australianos, os quais vivem na sociedade mais urbanizada do mundo, compreenderiam, grosso modo, uma nação de caipiras caçadores de crocodilos. Independentemente de saber se a extensão da ingerência governamental na atual crise econômica é financeiramente proveitosa ou não, ela não enfrenta muita resistência por parte da população ou de seus representantes. É sempre bom lembrar que, ao menos por ora, os líderes dos Estados Unidos depositam uma fé quase religiosa num homem que promete estender o papel do Estado americano na vida de todos.

A religiosidade dos americanos chama atenção dos estrangeiros em sua superficialidade, mais próxima de uma psicoterapia comunitária do que de uma fé genuína (é claro, qualquer generalização sobre 300 milhões de indivíduos terá as suas exceções, as quais, no agregado, serão numerosas). A religiosidade americana é Dale Carnegie transposto para um morno e frágil plano transcendental; muitos serviços religiosos nos Estados Unidos se assemelham às reuniões de alcoólicos anônimos, só que sem os alcoólicos.

Quase sempre, o poder militar ou é ilusório ou tem apenas um proveito limitado, especialmente quando as nações têm escrúpulos. Onde exista uma opinião pública, como indubitavelmente ainda existe nos Estados Unidos, o pleno emprego do poderio militar se encontra bastante restrito e não pode ser usado em nome de repressões grosseiras. Além disso, há, de qualquer modo, limites inerentes em relação ao que a simples força bruta pode alcançar. O homem mais poderoso do mundo não poderá dobrar o mais fraco, inteiramente, à sua vontade, e isso se deve ao mais glorioso dos atributos humanos: a liberdade. Não me refiro aqui à liberdade que surge de arranjos constitucionais, mas a uma liberdade existencial muito mais profunda: a liberdade de escolher como reagir diante das circunstâncias. Um tirano pode mudar as circunstâncias, mas não poderá determinar completamente como se reagirá a elas. Como os colonizadores europeus descobriram na África, o poderoso pode mudar o fraco, mas não conforme aquilo que foi concebido (e por isso agradecemos a Deus, pois, de outra forma, o pesadelo do controle total sobre as populações poderia se tornar viável).

A história sugere que o predomínio mundial, descontando-se quão sólido pareça ser, não dura para sempre. É ao menos possível que a China se torne uma potência militar se não superior aos Estados Unidos, ao menos suficientemente grande para impor limites à liberdade de ação dos americanos. Mesmo agora, creio ser altamente improvável que, caso a China escolha invadir Taiwan, os Estados Unidos intervenham militarmente. Contra o orçamento militar relativamente pequeno da China deve ser colocada a imensa despesa que os americanos têm com seus militares. A relação entre gastos militares, poderio militar e habilidade para impor soluções militares não é direta.

Eventos recentes mostraram que os Estados Unidos não podem se furtar às leis econômicas. Ao estender o crédito barato resultante da inflação dos ativos, o governo americano procurou criar a ilusão de prosperidade privada enquanto cresciam os gastos públicos. Como emissor da reserva mundial de moeda, o país se comportou como se acreditasse que a dívida estrangeira pudesse ser acumulada para sempre, sem que no final se perdesse o controle do destino dessa moeda. Por longo tempo, durante a Guerra Fria, a doutrina militar vigente foi a de Destruição Mútua Assegurada; agora os Estados Unidos se encontram na mesma posição em relação à China, mas no que se refere ao dólar. Até o momento, os interesses de ambos os países coincidem, porém não existe garantia de que esse equilíbrio de interesses durará indefinidamente.

De muitas formas, portanto, os Estados Unidos não se encontram numa posição tão diferente da europeia. A demografia de crescimento de sua população central não difere muito das demografias da Europa; a natalidade da população descendente de europeus está abaixo do nível de substituição. O país dispõe de uma política de bem-estar social que poderá facilmente ser expandida aos níveis europeus, e (atualmente) parece que isso tende a acontecer. Uma vez estabelecido, será muito difícil desmantelar esse tipo de Estado, em função das garantias que são criadas.[6]

[6] Os social-democratas suecos compreenderam isso muito bem. Eles perceberam que uma vez que o número total de pessoas dependentes do bem-estar social – fosse como beneficiários diretos da assistência social ou indiretos, como empregados do aparato burocrático responsável por sua distribuição – alcançasse 51%, seria extremamente difícil adotar mudanças, mesmo para a oposição. Essa questão

Portanto os Estados Unidos, como a Europa, poderão em breve oscilar entre a necessidade e a impossibilidade de reduzir o escopo e o alcance de seu Estado de bem-estar social. Se nos Estados Unidos esse bem-estar alcançar os patamares europeus, uma de suas vantagens decisivas sobre a Europa – a habilidade de assimilar imigrantes – desaparecerá.

Os Estados Unidos se encontram numa conjuntura histórica em que seu relativo poder mundial já foi enfraquecido. Certamente, nenhum declínio de poder comparável ao declínio europeu durante o século XX está em via de acontecer; não obstante a constatação desse enfraquecimento, de que os Estados Unidos estão se inserindo num mundo apenas como um *primus inter pares*, e não mais fundamentalmente como o grande dominante, pode causar desapontamento àqueles que veem o cálice do poder arrancado de seus lábios. Descrédito pessoal e ódio interno poderão então vir à tona e controlar as mentalidades, com nefastos e amplos efeitos.

Como vimos, a perda europeia de poder coincidiu com a disseminação de uma interpretação ideologicamente derrotista de sua própria história.[7] Isso aconteceu por razões óbvias. No entanto é importante recordar

---

surgiu quando a oposição conservadora na Suécia fez campanha contra o programa assistencialista de bem-estar social. Ela foi aniquilada nas pesquisas. Quando passou a prometer pequenos ajustes, foi eleita. Na Grã-Bretanha, a senhora Thatcher mal tocou no assistencialismo governamental. Tudo o que ela conseguiu fazer foi reduzir o poder e a influência dos sindicatos, e mesmo essa tarefa absolutamente mais modesta gerou enormes conflitos sociais. Depois de se desgastar e perder capital político após o confronto com os sindicatos, ela deixou o programa de bem-estar social intato. Ao introduzir modelos administrativos do mercado no aparato estatal, ela o corrompeu num grau não mais visto desde o século XVIII. Desse processo, Anthony Blair, seu sucessor, foi capaz de tirar todo o proveito. Para esse homem de consumada desonestidade, a corrupção legalizada não era apenas uma consequência de suas políticas: compreendia a totalidade delas.

[7] O miserabilismo e o derrotismo histórico podem ser definidos como a visão de que tudo sempre foi para o pior, o pior de todos os mundos possíveis. Segundo essa visão, as realizações não contam para nada e são tidas como pressupostas, ao passo que os desastres são magnificados e colocados constantemente à frente do raciocínio.

que essa leitura da história não é promovida pela evidência, mas que é escolhida por outros motivos. Como vimos, os intelectuais, não necessária ou fundamentalmente historiadores, tiveram papel decisivo na forma como a Primeira Guerra Mundial foi mais tarde interpretada, influência que se estende aos nossos dias.

Uma combinação de perda de poder e miserabilismo historiográfico deixa uma sociedade em péssima condição na preservação de seu tecido social. Diante disso, a história dos Estados Unidos é menos suscetível a uma interpretação derrotista do que a da maioria dos países. No entanto o derrotismo nunca é engendrado somente pela evidência, e a inventividade intelectual é capaz de divisar o pior no melhor dos cenários. Dessa forma, os Estados Unidos poderiam ser descritos como uma nação fundada primeiro no genocídio e depois na hipocrisia escravocrata e que logo depois se apropriaria de metade do México, entre outras coisas. Instigadores da culpa podem projetar os seus descontentamentos atuais para trás e facilmente demonstrar que Estados Unidos têm sido um paraíso para racistas, machistas, perseguidores de homossexuais, etc. A corrupção sempre pôde ser encontrada em abundância, os políticos carreiristas sempre levaram a população na coleira. Mesmo a desilusão que inevitavelmente se seguirá à euforia pelo senhor Obama alimentará o moinho derrotista.

Isso não significa, é claro, defender uma oposta (e igual) historiografia, na qual não haja nada mais que uma gloriosa ascensão, onde tudo é melhor nos Estados Unidos. Um dos perigos com esse tipo de historiografia é que, ao chegar, a desilusão será total. Uma desilusão desse tipo se torna particularmente forte quando o orgulho e o poder, muitas vezes associados, recebem um desagradável choque ao perceber que o poder se evaporou.

Em vez disso, é necessária uma defesa de tudo o que existe de melhor, e de todas as realizações, na história americana. Essa é a razão pela qual o desdobramento das designadas guerras culturais nos Estados Unidos é tão importante para o seu futuro. Uma saudável sociedade moderna deve saber como se preservar à medida que muda, ou seja, saber conservar durante a reforma. A Europa mudou sem saber como conservar: essa é a sua tragédia.

Índice

Do mesmo autor, leia também:

Criminalidade, drogas, violência doméstica, relacionamentos, educação e política são alguns assuntos de que trata Theodore Dalrymple. A partir da narrativa de casos concretos – a mulher que matou seu marido e agressor, o viciado em drogas que muda de tom quando fala com uma autoridade ou as brigas de gangue nas boates londrinas –, o autor denuncia o discurso que legitima estilos de vida nocivos à sociedade e aos próprios indivíduos.

Quem são os formadores de opinião de hoje? Qual a relação entre a cultura pop e o estilo de vida dos jovens da periferia? Como a academia, o cinema, o jornalismo e a televisão têm influenciado os rumos de nossa sociedade? Theodore Dalrymple, com a lucidez que marca sua escrita, mostra como os "formadores de opinião" nem sempre estão certos do destino a que conduzem as massas.

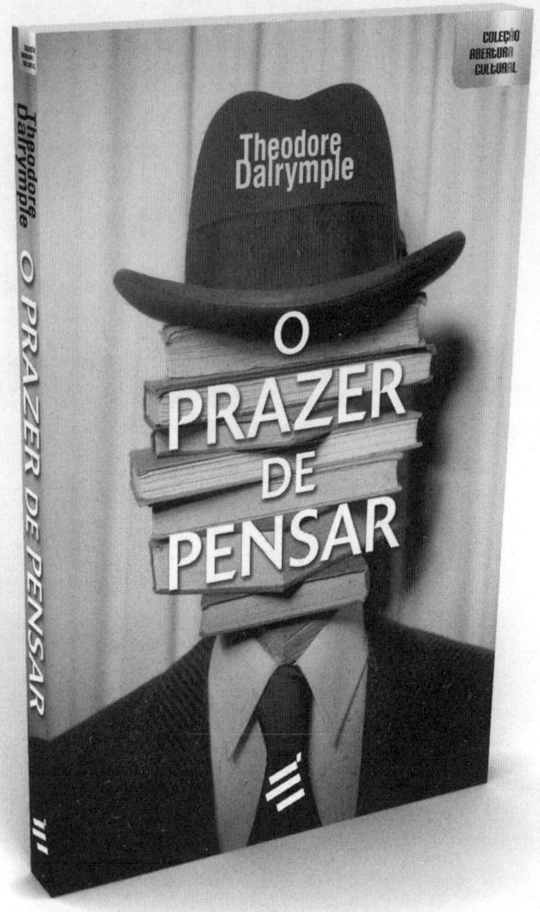
COLEÇÃO ABERTURA CULTURAL
Theodore Dalrymple
O PRAZER DE PENSAR
Theodore Dalrymple
O PRAZER DE PENSAR